人は生まれ変わる

縄文の心でアフター・コロナを生きる

藤 和彦

KKベストブック

はじめに

新型コロナウイルスによる死者数は、世界全体ですでに約50万人に達してますが（2020年6月28日現在）、いまだに終わりのみえない闘いが続いています。新型コロナウイルスが怖いのは、約8割が軽症または無症状で済む反面、重症化する人も一定の割合で存在することです。その違いは基礎疾患の有無や年齢などからきているとされていますが、このウイルスの「ロシアンルーレット」的な面が私たちを不安に掻き立てます。さらに怖いのは、発症から死に至るまでの期間が非常に短い点であり、私たちはついつい「次が我が身」と考えてしまいます。死者数が世界最多の米国（約13万人）の中で最も深刻な被害を蒙っているニューヨーク州では、新型コロナウイルスの犠牲者の遺体が行き場を失い、ニューヨーク市ハート島にある米国最大級の公営墓地に、墓標もなく集団埋葬される事態となっています。

先進国において戦場以外で死がこれほどリアルに感じられたことは、第二次世界大戦初のことかもしれません。人々は理不尽な死に再び直面させられているのです。このような状況から「今回のパンデミックは人類の死生観を変えてしまうのではないか」という問いが頭をもたげてきます。

『サピエンス全史』の著者で歴史家のユヴァル・ノア・ハラリ氏は「近代の世界を形成してきた『人間は死を打ち負かすことができる』という信念が今回のパンデミックでもいささかも揺るがない」とした上で、「新型コロナウイルスの出現によって、私たちは人間の命を守る努力をさらに倍増することから、人類の死生観は変わらない」と主張します（2020年5月4日付クーリエ・ジャポン）。

確かにそうかもしれません。先進国では戦後、科学技術の進歩により平均寿命が大幅に延び、「死を社会から排除し快適な生活を目指していこう」とする傾向が強まっていたのは事実ですが、今回のパンデミックはこの安易な思い込みに大きな一撃を加えたのではないでしょうか。

新型コロナウイルスで亡くなることは、遺される家族にとってもつらい現実が待っています。感染防止の観点から最期のお別れを果たすことができないからです。

日本人の多くがこの残酷な事実を知ったのは、3月末に新型コロナウイルスで亡くなった志村けんさんの遺族が、遺骨になってからはじめて志村さんと対面できたという「不都合な真実」をメディアが報じてからでしょう。

最期を看取る機会を奪われることは世界の人々にとって共通の悲劇ですが、日本人にとって特に深刻なダメージとなるのではないかと筆者は考えています。

最期の瞬間に間に合うことができなかったことを悔やむ「臨終コンプレックス」という日本人特有の心理があるからです。

臨終コンプレックスが生じる背景には、戦後の日本において死生観が欠如していることが関係しています。戦争中に極端な精神主義（死生観）を強いられた反動で、戦後は死生観について論じること自体を回避する傾向が顕著となったのです。さらに経済至上主義やマルクス主義をはじめとする唯物論が広まったことで、死生観に関する空白状態が生じてしまいました。

「死」とは要するに「無」であり、あれこれ考えても意味のないことだと認識するようになった日本人にとって、愛する家族の最期に立ち会うことはせめてもの慰みであり、これを逃すことは痛恨の極み以外の何物でもありません。

心理学では、人は不快（不協和）な状態を回避しようとして認知の仕方を変えるとする理論（認知的不協和）があります。この考え方を援用すれば、最期の機会を奪われた家族はストレスを回避するために『死』は無ではない。死んでもなにかが残る」と「死」についての認識を改めるきっかけになるのかもしれません。

欧米諸国では、現在のパンデミックを14世紀の欧州で猛威をふるったペストと比較することが多いのですが、ペストは当時絶大な権威をふるっていたカトリック教会の土台を大きく揺さぶりました。3分の1もの人が亡くなったことで、多くの民衆は「本当に私たちを救う神なんて存在するのだろうか」と考えはじめ、キリスト教にとらわれない新たな死生観が生まれたといわれています。

翻って我が身のことを考えると、筆者は今年7月に還暦を迎えました。いわゆるシニア世代の仲間入りをしたわけですが、この年頃になってくると、自ずと「死」を意識するようになります。これからの生き方についても真剣に考えるようになります。

残された時間がどんどんなくなっていくと思うと、あせる気持ちから不安が増幅します。

「いや、シニア世代にはシニア世代なりの知恵や経験がある」と思うこともあります。

人生経験は確かに若者たちよりもずっと豊かですが、この経験は、実社会における経験や仕事上についての実績だけなのではないでしょうか。

実際の生活上での幾多の経験や知恵を持ち合わせているにもかかわらず、今後、これらの経験を当てにして生きていけるものではなく、先行きの不安を解消してくれる保証にはあまりありません。そう考えてみると少し背筋が寒くなります。

私たちは忙しさにかまけて、いわゆるスピリチュアルな事柄について深く考えてみることを怠ってきたのでないでしょうか。青春の多感な時期には、人生について物思いにふけったことはあるかもしれません。しかし、「やれ受験だ」「就活だ」「仕事だ」とその後の人生を送るうちに、精神的な思索はいつしか途切れてしまい、あとは生活上の知恵を積み重ねるばかりでした。

そしてシニア世代となり、否が応でもこれからの人生の生き方を考えなければならなくなった時、ハタとその重大さに気づくのです。

私たちは「自分が何者であるかを知っている」と思っていますが、よく考えてみると、ただその場にポツンと生きているだけで、その先はどうなるかはわかりません。いずれ死ぬことは知っています。しかし、知っているはずの「死」さえも、実はまったくわからない世界であることに気づくのです。私たちは真っ暗な不安と絶望に駆り立てられます。なにかを求めなければ、なにかにすがらなければとても生きていけるものではありません。

そう感じたことのあるシニア世代は少なくないのではないでしょうか。

「死んですべてが消え去ってしまう」と考えると、生きている現在やこれからの人生がむなしくなります。人間というのは、未来に対する希望がなければ、「どうせ」というような投げやりな考えに陥りやすいものなのです。

一度投げやりになるとどんどん投げやりになってしまうということにもなりかねません。歳をとってからの鬱病が増えているゆえんです。

私たちはおおむね平和で豊かな生活を送ってきたといえます。世界的にみても恵まれた状態にあったことは確かです。しかしそのため、豊かさや幸せに満足し、いや、それに溺れて、ひそかにその背後に隠れていた「死」について考えることをおろそかにしてきたといえるでしょう。豊かさを享受していることを十分に認めながらも、そして幸福感を感じながらも、心から安心を得られなかった理由は、「死」が「生」と隣り合わせに存在しているという厳然な事実だったのです。すぐ手の届く先にあるのに、隣のすぐ近くに存在するにもかかわらず、私たちは「死」についてなにも知らないのです。しかも遅かれ早かれ「死」は確実にやってきます。このもどかしくもいらだつような現実を認めざるを得ません。私たちは豊かさの時代には忘れていた「死」について、真剣に考えなければならないのです。

そもそも私たちは、飲み、食べ、寝て、老いて死ぬだけの存在だったのかどうか、肉体の「死」は、すべての終わりを意味するかどうか、と。

私たちは、いつの時代も絶望的な状況や拭いきれない不安に陥った時、迷信といわれようが決してぶれることのない、強い信念を求めます。

現在の日本は、人類が経験したことがない多死社会に突入しようとしています。多死社会の下では、「死」の存在感がこれまで以上に大きくなります。絶望的とまではいわないまでも、「死」は拭っても拭いきれないほどの不安や先行きの心細さを与えることでしょう。

ならば、私たちはもう一度、不変的なものはなんなのか、身を預けても安心していられるものはなんなのかを考えてみる必要があります。「死は怖い、忌むべきもの」という認識のままでよいわけがありません。

筆者は「人は生まれ変わる」と考えるようになりました。

「生まれ変わり」を信じずに精神的な充足感のない人生を送るか、信じることによって精神的な喜びや満足の得られる生活を送るのか。

「生まれ変わり」の信念に賭けても生きている間はリスクはありません。むしろ、弱い人間の心の支えになってくれるのだと思います。

縄文時代の日本列島に住んでいた人たちは、「生まれ変わり」を信じていたことがわかってきています。平和な縄文時代が1万年以上続いた秘密がここにあるのかもしれません。

「生まれ変わり」の信念は、目新しいことではありません。本書で詳しく述べますが、人類はその誕生からずっとこのことについて考え続けてきたのです。それが自然科学の進展や社会構造の変化によって一時的に忘れられていただけなのです。

非常に興味深いことですが、最新の科学は「生まれ変わり」がありうるということを主張しはじめています。

「令和」という元号の出典となった万葉集の時代、当時の人たちは遺体から抜け出ていく「見えないもの」を想って歌を詠んでいました。

今回のパンデミックを契機として、世界は大混乱に陥るかもしれません。この激動の時代を生き抜く糧として、私たちは「生まれ変わり」の信念についてもう一度考えを巡らせてみようではありませんか。

目次

第2章　日本人の死生観を探究する

目次

第3章　「生まれ変わり」の効用

第4章　「生まれ変わり」がもたらす経済のインパクト

目次

第1章　「生まれ変わり」を科学する

●「生まれ変わり」の研究のメッカ

米国の一流大学の研究者が、約60年にわたり「生まれ変わり」について真剣に研究していることを皆さんはご存じでしょうか。

研究を行っているのは、ヴァージニア大学医学部の精神行動科学科知覚研究所（知覚研究所）です。

大学の名前に付いている「ヴァージニア」という名称は、大英帝国の礎を築いたエリザベス1世に由来します。ヴァージニア州は英国によるはじめての植民地が建設された地であり、生涯独身を貫き処女王（ヴァージン・クイーン）と呼ばれた彼女の時代にヴァージニア州への入植がはじまりました。ヴァージニア州は英国から最初に独立した13州の1つでもあり、初期の大統領5人のうち4人がヴァージニア州の出身でした。ヴァージニア大学のあるシャーロッツビルは州の真ん中にある人口約4万人の町です。その名前は英国国王ジョージ3世の王妃、シャーロットにちなんでいます。ヴァージニア大学は1819年、米国独立宣言の起草者で第3代大統領のトーマス・ジェファソンによって創設されました。1987年にはジェファーソンの邸宅とともに世界遺産に登録されています。

大学の中心は、ローマのパンテオンをモデルに建てられた円形の建物で「ロタンダ」と呼ばれています。創設者であるジェファーソン大統領による設計です。

このロタンダから3キロメートルほど西南西に行くと、大きな5階建てのレンガ造りの建物が見えてきますが、この建物の1階と2階を占めるのが知覚研究所です。知覚研究所は、イアン・スティーブンソンが設立した「生まれ変わり」についての研究拠点です。スティーブンソンについては後に詳しく述べますが、研究所の課題は「人間の意識（魂）が死後も残る可能性について経験科学の立場から探究すること」です。

「生まれ変わり」とは、「幼い子が、『自分の本当のお母さんは隣村にいる○○で、自分は10歳の時に川で溺れて死んだ』といったことを言い、実際に調べてみるとその子が語った内容と一致する人物が見つかる」というような現象のことです。知覚研究所では、世界中から収集された「過去生の記憶を持つ子ども」の事例を分析した上でデータベースに入力するという地道な作業を行っています。

●「生まれ変わり」の事例

知覚研究所に収められた2600を超える「生まれ変わり」の事例は、人間ドラマの宝庫です。フィールドノートやインタビューの書き起こし、当事者や家族の写真、過去生で非業の死を遂げた時の苦痛、家族の悲しみ、過去生を語る子どもを持った両親の戸惑い、当事者の葛藤、過去生の家族と再会できた時の喜びなどが伝わってきます。

ここで興味深い事例を1つご紹介しましょう。

「飛行機が炎上、墜落！　脱出不能！」

凄まじい叫び声が響きます。足を中に蹴り上げてもがき苦しんでいるのは、ジェームズ・ライジンガー君、米国テキサス州に住む2歳の男の子です。慌ててベッドに駆け寄り、暴れるジェームズ君を必死でなだめる母親。もうこんなことが何日も続いています。ジェームズ君の悪夢がはじまって数か月経った頃、母親が寝る前に絵本を読んでいると、ジェームズ君が「こんなふうになっちゃったんだ」と言って、宙を蹴り上げ、いつもの「飛行機が炎上、墜落、脱出不能」のポーズをとりました。意識がはっきりしている時に「脱出不能」の話をするのははじめてだったので、母親は父親を呼びに行きました。

父親が「誰に撃たれたんだ」という問いかけに対し、「日本人だよ！」

返ってきた返事に両親は困惑するばかりでした。その数か月後、両親がさらに話を聞いてみると、「コルセア」という飛行機に乗っていたこと、「ナトマ」という船から飛び立ったことを話しました。

父親がインターネットで検索すると、「ナトマ・ベイ」という船が見つかったのです。第二次世界大戦に使われた米軍の護衛空母でした。

ジェームズ君がナトマ・ベイの話をしてから1か月ほど後、父親が「友人の名前を覚えていないのか」と聞くと、「ジャック・ラーセン。彼もパイロットだった」と返答しました。父親はジャック・ラーセンを探しはじめました。

その後父親が『硫黄島の闘い　1945』という本を読んでいると、ジェームズ君が膝の上に乗ってきて、写真を指さして「ここで僕の飛行機は撃ち落とされたんだよ」と言いました。

1週間後、ナトマ・ベイに乗り組んでいた退役軍人を見つけた父親は、「ナトマ・ベイが硫黄島の戦いに参加した」という証言を得ました。しかもその軍人はジャック・ラーセンの名前を覚えていて、「ナトマ・ベイから飛び立ったが、その後の消息はわからない」と語ったのです。「ナトマ・ベイ」と「硫黄島」、「ジャック・ラーセン」がつながりました。

ジェームズ君が4歳半の時、父親は「ナトマ・ベイに関する本を執筆中」と偽って、ナトマ・ベイ乗組員の同窓会に出席させてもらいました。その時にジャック・ラーセンが生きていることや硫黄島の戦いの時にナトマ・ベイから飛び立って死亡したパイロットは1人しかいないことを知りました。パイロットの名前はジェームズ・ヒューストン・ジュニア。ペンシルベニア州出身の21歳の男性でした。ジェームズ・ヒューストン・ジュニアが乗った飛行機が撃墜されたのは、硫黄島の戦いの最中の3月3日、ナトマ・ベイの任務が終了する4日前のことでした。目撃者の証言では、飛行機は機首を撃たれて墜落したとのこと。「プロペラのところ」と言ったジェームズ君の発言どおりでした。

ジェームズ君は「自分には4歳年上のアニーとさらに4歳年上のルースという姉がいた」と話していましたが、そのとおりでした。ジェームズ君の母親は当時84歳のアニーさんと話をしています。その時ジェームズ君が語ったヒューストン家のプライベートな内容（父親がお酒ばかり飲んで家族に迷惑をかけていたことなど）がすべて事実だったことを確認しています。

6歳半の時、ジェームズ君自身がナトマ・ベイ同窓会に参加しました。80歳を超える参加者の1人が「私が誰だかわかるかい？」とジェームズ君に尋ねると、正確に名前を伝え相手を驚かせました。「どうしてわかったんだ？」というジェームズ君の父親の質問には「声でわかった」と答えています。

●20世紀の「ガリレオ」

ここで知覚研究所の創設者であるスティーブンソンについてご説明しましょう。スティーブンソンは1918年にカナダのモントリオールで生まれました。19世紀にはじまった神秘主義的な教え（神智学）

に興味があった母親が大きな影響を与えたようです。母親が集めた超常現象に関する書籍に囲まれて、少年時代を過ごしました。スティーブンソンは、1937年にスコットランドのセント・アンドリュース大学に進学し、歴史学を学びはじめましたが、「もっと直接人の役に立つ仕事をしたい」という理由から、1939年にカナダの名門マギル大学の医学部に転向しました。医学部を主席で卒業すると生化学の道に進みますが、物質という側面のみから人間に迫ろうとするアプローチに疑問を感じ、心と身体の関係を扱う心身医学に軸足を移します。

「心のあり方が身体に影響する」ことは今日では常識になりつつありますが、スティーブンソンが「ストレスの身体に及ぼす影響」を調べはじめた1940年当時は、実に画期的なものでした。

スティーブンソンはその後専門分野を心身医学から精神医学に移し、1957年、39歳の時に異例の若さでヴァージニア大学精神科の主任教授に就任しました。この時までに医学分野で33本の単著論文と22本の共著論文、合計55本の論文を発表していました。本流の科学分野で精力的に研究を発表してきたスティーブンソンは、超常現象にも深い興味を持ち続けていました。

1960年に「前世の記憶とされるものによる死後生存の証拠」と題する論文で、スティーブンソンは「生まれ変わり」事例を鮮やかに分析し、「生まれ変わり」が真剣に考える価値のある科学上の問題であることを論じました。世界中から集められた44の事例を分析したスティーブンソンは、過去生を語る子どもの事例にはいくつかのパターンがあることを明らかにしました。

このことからスティーブンソンは「人間の意識が死後も残るどころか、次の生に持ち越される可能性がある」と考えはじめたのです。

この論文を発表したことでスティーブンソンのその後の人生は大きく変わりました。

そんな折、ニューヨークの財団から「論文で取り上げたような事例がインドで5例見つかったので、調査しないか」という申し出がありました。スティーブンソンは、さっそくインドに赴き、４週間の滞在で25もの新しい事例に出会い、その後訪れたスリランカでも７つの事例を見つけました。この経験から、スティーブンソンは「過去生の記憶を持つ子どもは探せば大量に見つかる」と直感したのです。

「本格的な研究を行いたい」と思いはじめていたスティーブンソンに救いの手を差し伸べたのは、極貧から身を興しコピー機の発明という偉業を成し遂げたチェスター・カールソンでした。「大富豪となった今、なにか人類のために役立つものにお金を使いたい」と考えてきたカールソンは、超常現象に理解のあった妻の勧めで、スティーブンソンの研究に資金提供することを申し出たのです（カールソンの寄付額は現在の日本円で約10億円に相当します）。カールソンの資金提供により、スティーブンソンは１９６７年に精神科の主任教授の職を降り、「生まれ変わり」を中心に研究する部署である超心理学研究所（現在の知覚研究所）を創設し、研究に専念するようになりました。

「事例を探し出し、関係者にインタビューし、事実関係を確認する」という、体力も、根気も、資金も、時間も必要な研究にすべての時間を費やすことができるようになったスティーブンソン。

死亡したカールソンから寄贈された資金のおかげで、世界中から事例を集め続けられました。

２００７年2月、スティーブンソンは、15冊の著書と２５９本の論文、世界中から収集された膨大な「生まれ変わり」事例ファイルを残し、88歳で亡くなりました。

スティーブンソンの語りは「大発見をしたぞ」という扇情的なものではありません。慎重すぎるほど慎重で、「子どもが言ったとされるこの発言には、○○さんが『そのような発言はなかった』と否定している」といった事実も余すところなく記述しています。さまざまな実地調査を行ったものの、「こういう現象は確かにあるが、だからといって人間に前世があるとは断定できない」という慎重な態度をとり続けました。「前世について直接知っているという者の主張を可能な限り検討し、それによって得られた結果を他者に伝え、自分が調べた証拠はすべてみせるから後は読者が判断してくれ」というオープンな姿勢を貫いたのです。

ヴァージニア大学全体のスタンスも「生まれ変わり」を暗示するような現象が世界各国にあると発表しているのみであり、「生まれ変わり」があるとは断定していません。

スティーブンソンは、いくつかの権威ある医学専門誌に論文を投稿して好意的な反応を得ています。例えば、不感症の研究で名高い精神医学者のハロルド・リーフは、「自分自身は生まれ変わりを信じていないが、事例調査におけるデータ収集は系統的かつ抜け目なく行われており、その分析の明晰さは疑う余地がない。スティーブンソンは几帳面で、綿密で、慎重な研究者。強迫的なほどである」と評した上で、「一連の研究は彼が巨大な誤りを犯しているか、『20世紀のガリレオ』として知られることになるかのいずれかだろう」と結論付けています。

また、スティーブンソンの研究はエセ科学を告発する団体の創設メンバーであるカール・セーガンをして「『生まれ変わり』と呼ばれる現象はまじめに調べてみるだけの価値がある」といわせました。

19世紀後半、「人間の意識の死後存続の可能性」を探ろうとする「サイキカル・リサーチ」と呼ばれる研究がありました。過去生の記憶を持つ子どもたちの研究も、このサイキカル・リサーチの中から生まれてきました。しかしこのサイキカル・リサーチは、霊現象や霊媒の伝える情報を確認することが中心でした。スティーブンソンが研究をはじめた頃、過去生の記憶を持つ子どもの存在は、西洋世界ではほとんど忘れられていました。スティーブンソンは、記憶と事実の照合に重きを置く研究方法を編み出し、長年の取り組みにより、「生まれ変わり」という現象を逸話レベルから科学的な研究レベルにまで引き上げたのです。

●スティーブンソンの研究の広がり

知覚研究所で「生まれ変わり」事例の対象となる条件は以下のとおりです。

①潜在記憶などでは説明のできない事実と確認されるべき証拠がかなりあること。
②現世では明らかに学習されたはずのない複雑な技能（外国語を話す、楽器を演奏するなど）を持っていること。
③本人の記憶する前世時代に受けた傷に対応する同じ場所に母斑《あざ》があること。

知覚研究所の調査員は子どもの話す内容が事実に合致しているかどうかを所定の項目（２００以上）別にチェックし、「本人が通常の手段ではとうてい知りえない情報を語っている可能性がある」と認定された場合にはデータベースにファイリングされることになっています。全大陸から２６００件以上のデータが収集されています。

スティーブンソンが調査した事例は、インドにはじまり、スリランカ、レバノン、トルコ、タイ、ビルマ、そして欧州に及びます。

「生まれ変わり」の研究が行われているのはヴァージニア大学ばかりではありません。スティーブンソンの研究のフィールドが世界全体に及ぶにつれて、「生まれ変わり」事例に興味を持つ研究者が出てくるようになりました。

事例を調査し、学術論文として発表している研究者は以下のとおりです（最新の情報ではありません）。

①サトワント・パスリチャ博士（インド国立衛生神経科学研究所）
②エルランダー・ハラルドセン博士（アイスランド大学）
③ユルゲン・カイル博士（タスマニア大学）
④アントニア・ミルズ博士（北ブリティッシュ・コロンビア大学）
⑤ジェームズ・マトロック博士（ライン研究所）
⑥アントニア・ミルズ博士（ハーバード大学）

科学の世界では「再現性」、つまり同じ現象が何度も観察されることが重要です。この点では、スティーブンソン以外の研究者たちが独自に調査し、同じような発見をしていることはとても重要です。また彼らの一部はスティーブンソンが調査した事例を再調査し、中心人物や情報提供者の証言に大きな食い違いがないことを確かめることで、スティーブンソン自身の調査を補強する役割も果たしています。

「生まれ変わり」に関しては、米国心理学会が１９７７年からこれをテーマにしたシンポジウムを定期的に開催しています。

日本ではスティーブンソンの著書が何冊も翻訳されているのですが、つい最近までヴァージニア大学のデータファイルには日本人の事例はありませんでした。

スティーブンソンが「生まれ変わり」事例の研究をはじめるようになったきっかけの１つが江戸時代の勝五郎の事例であったにもかかわらずに、です。

●勝五郎の事例

「ねえちゃん、ねえちゃんはうちに生まれてくる前はどこの子だったんだ?」

１８１５年（文化12年）、中野村（現在の東京都八王子市東中野）に生まれた勝五郎が、一緒に田んぼで遊んでいた姉ふさにこう切り出したのは、８歳の時でした。

「生まれる前のことなんてわかるわけないじゃない。お前は覚えているって言うのかい?」

という姉の問いに対して、勝五郎は、

「ああ、おらは程久保《ほどくぼ》村（現在の東京都日野市程久保）の久兵衛の息子で藤蔵っていったんだ。知らなかったのか」

と答えました。

その後ふさの話を聞いて驚いた両親と祖母は、勝五郎を呼び、なだめたりすかしたりして、話を聞き出しました。

「おら、前は程久保の久兵衛って人の子だったんだ。おっかあの名前はしづさんっていった。おらが5歳の時、久兵衛さんが死んで、半四郎さんって人が新しいおっとうになって、おらを可愛がってくれた。でも次の年、おら6歳だったんだけど、疱瘡にかかって死んじまった。それから3年経ってから、今のおっかあのお腹ん中に入って、もう一度生まれたんだ」

それを聞いた両親と祖母は驚きましたが、どうすることもできませんでした。

その後勝五郎は「程久保に行きたい。程久保に行って、久兵衛さんの墓参りがしたい」と言い出しました。父の源蔵は「勝五郎は変わった子だから、早死にするかもしれない。その前に本当に程久保村に半四郎という人がいるのか、確かめてやった方がいいだろう」と考えましたが、「自分が行くのは具合が悪かろう」と思い、勝五郎の祖母のつやに、勝五郎を程久保村に連れて行ってやるよう頼みました。

祖母のつやが勝五郎を程久保村に連れていくと、勝五郎は見知った場所のように「こっち、こっち」と祖母を引っ張って行き、ある家の前までくると「ここ、ここ」と言って、祖母を置き去りにして家の中に入っていきました。

祖母のつやが「この家の主はどなたですか」と周りの人に尋ねると「半四郎だよ」「奥さんのお名前は?」「しづ、だ」「この家には藤蔵という子どもはいませんでしたか?」「ああ、いたけど13年前に死んじまったね」

それを聞いたつやの目には涙が溢れて止まりませんでした。勝五郎が話していたことは事実だったのです。

つやは半四郎の家の人たちに勝五郎の話をしました。半四郎も妻のしづも大変驚き、涙を流して勝五郎を抱きしめ、「ああ、藤蔵の時よりずっと男前になった」と言いました。

勝五郎もあたりを見渡して「あの屋根、前はなかったよね? あそこの木はなかった」と言ったので、これを聞いて半四郎もしづも「ああ、やっぱり本物の藤蔵だ」と確信の思いを強くしたのでした。話が広まると、村人たちは勝五郎のことを「ほどくぼ小僧」と呼ぶようになり、あちこちから勝五郎を見ようと人が集まるようになりました。

単なる伝説や言い伝えのように思えるかもしれませんが、勝五郎の話が実際にあったのは確かです。

まず第一に指摘できるのは、死後の世界に関心が高かった国学者として有名な平田篤胤《あつたね》が学友の伴信友と一緒に勝五郎本人から話を聞いてそれを記録した「勝五郎再生記聞」が残されていることです。平田篤胤についての現在の評価は芳しくないのですが、私は平田の思想を再評価すべき時期がきているのではないかと考えています。平田の思想については第3章で詳しく述べます。

また、その中に勝五郎が住んでいた中野村を治めていた地頭、多門伝八郎が書いた上司への報告書が残っています。報告書の中で伝八郎は、勝五郎の話が評判になり、ほかの領地から見学にくる者まで出てきたため、勝五郎と父の源蔵を呼んで事情を聞いたことを記しています。単なる噂話であれば、わざわざ上司に報告することはありません。勝五郎の話が実際に多門伝八郎の領地で大評判になったのだと思います。さらに、文人大名として名高い若狭藩（鳥取藩の支藩）の池田定常が、勝五郎の祖母に話を聞いて書き記した「勝五郎再生前世話」が残っています。

この勝五郎の話は、小泉八雲ことラフカディオ・ハーンによって英語で紹介され、広く世界中に知られることになりました。その報告を読んで大いに興味を持ったのが、先ほど紹介したスティーブンソンだったのです。

●日本における「生まれ変わり」の研究者

「研究所のファイルに目を通すと、論文や著書の乾いた文体からは決して伝わってこない生身の人間の姿がそこにあった」

このように述懐しているのは、大門正幸《おおかどまさゆき》中部大学教授です。大門氏はもともと言語学を専門にしていたのですが、「日本人の事例がないというのは大変不思議で残念なことである。日本人としてなんとかせねばならない」という理由から2013年3月から2014年3月までの1年間、知覚研究所の客員研究員となりました。大門氏がこのような決心をしたのは、自身が「生まれ変わり」を語る女性に出会ったことがきっかけです。

2009年5月、退行催眠の施術を受けた里沙さん（仮名、中年女性）が、「ネパールのナル村という場所の村長（ラタ・ラジュール）だった」という過去生を異言（ネパール語の方言）で語る場に大門氏が立ち会ったのです。

退行催眠とは催眠療法の一種で、催眠を用いてクライアントを過去生に誘導する方法です。

この実験は、名古屋市内のクリニックにおいて、被験者、大門氏、ネパール語母語話者で朝日大学大学院生のパウデル・カルパナ氏など計7人の立ち会いの下で行われましたが、この時、里沙さんは24分間、ネパール語で話をしました。里沙さんについては、徹底した生育歴や生活環境などの調査が行われましたが、ネパール語を学んだことはないことがわかっています。

異言とは、本人が知らないはずの言葉を突然話し出す現象のことですが、退行催眠時に異言を話したという報告がいくつもあります。ヴァージニア大学のデータベースにも異言についての報告が2例あります。

言語学を専門とする大門氏にとって、異言は興味をそそられる現象でした。

歴史上で有名なのは、新約聖書の中の使徒言行録にある一節です。その中に、「霊に満たされた弟子たちが突然外国語を話し出し、周りを驚かせた」という記述があります。

大門氏はその後２０１０年8月にネパールに赴き、里沙さんが語った内容などについて調査を行いました。ラジュールの証拠は見つかりませんでしたが、里沙さんが語っていた内容の真実性をうかがわせるいくつもの発見があったそうです。

この事例は２０１０年8月にフジテレビ系「奇跡体験アンビリバボー」で紹介され、大きな反響を呼びました。

過去生を異言で語る里沙さんと出会うことによって、それまで筋金入りの唯物論者だった大門氏の基本的な価値観が１８０度変わったといっても過言ではありません。

ここで大門氏のプロフィールをご紹介します。

大門氏は１９６３年に三重県伊勢市に生まれました。家の中で霊的な話が話題に上ることはなかったのですが、時折訪れる祖父母の家には古くから日本人が大切にしてきた肉体を超えたものを大切にする感覚が残っていたそうです。

大門氏は、大学生の時に著名な僧侶に対してとってしまった態度のことを今でも恥ずかしく思っているそうです。ある日のこと、中学時代からの親友があまりにしつこく迫るので、「一度だけなら」とその僧侶と電話で話をすることになりました。修行を積んだお坊さんらしい包み込むような話しぶりでしたが、話が仏教でいう輪廻転生に及んだ時、大門氏は突然激しい反感を覚え「そんなことありませんよ。だって地球の人口はどんどん増えているので、魂の数が全然足りなくなるじゃないですか。そんな非科学的なこと、あるわけないじゃないですか」と強い口調で反論したそうです。

「私たちの心はどのような仕組みを持ち、どのように働くのか」に強い関心を抱くようになった大門氏は大学で「心の科学」としての言語学を専攻しました。「私たちの心が言葉を抜きにして語れないことから、言語学はその中核的な役割を担っている」と大門氏は考えていましたが、言語学の現状に大きな不満を感じるようになりました。「人間とはなにか」を明らかにする視点が欠けていたからです。

1995年に起きた地下鉄サリン事件も大門氏にとって転機となりました。この事件で大門氏の教え子が逮捕されたからです。教え子は幸い事件とは関係ないことがわかったのですが、事件後、大門氏はオウム真理教に関する記事や書籍などを精力的に読むようになりました。その結果大門氏が得た結論は「人間を超えたなにか聖なるものの存在や霊体験、神秘体験といった超常現象を科学的にあり得ないとして表舞台から排除してしまったことが根本的な原因ではないか」というものでした。

科学的事実は人生の意味などについてなにも語ってくれませんが、超常現象には人生について深く考える機会を与えてくれるという側面があります。このような考えを持っていた大門氏が、「生まれ変わり」の事例に邂逅したのは必然のことだったのかもしれません。

大門氏のヴァージニア大学での活動の目的は、まず第一にスティーブンソンやその共同研究者が世界中から集めた「生まれ変わり」事例ファイルを直接手にとり、60年に及ぶ研究を通して培われた研究手法について学ぶことでした。その上で、研究所のデータに日本人初の「過去生を語る子ども」の例を付け加えることでした。

●トモくんの話

大門氏が２０１１年に学会誌に発表した日本人の事例について披露しましょう。

「ニンニクを剥きたい」

３歳11か月のトモ君が突然言いました。驚いたお母さんが、

「なんでそんなことしたいの」

と応ずると、

「トモくんって呼ばれる前にしたことがある」

「え、どういうこと？」

「トモくんって呼ばれる前は、いぎりすのお料理屋さんの子どもだった」

予想もしない返答にお母さんはあわてて「いつ生まれたの？」と聞きました。

「１９８８年８月９日に生まれてゲイリースって呼ばれてた」

「前のトモくんはどこにいるの？」

「45度くらいの熱が出て死んでしまった」

次の日、お母さんがニンニクを見せると、トモくんは器用に剥きはじめました。しかも不思議なことに左手で剥いています。普段のトモくんは右利きなのに、左手で作業をしているのです。次々に剥かれ

たニンニクが入れられたザルはとうとう一杯になりました。

「トモくん、ニンニク剥いたことあるの？」

「8月9日生まれだったトモくんの時にしたことがある」

これまでもお母さんが「不思議だな」と思ったことはいくつかありました。

トモくんが1歳になる前のこと、コマーシャルで見たアルファベットの文字に大変興味を示しました。ひらがなより先にアルファベットを覚えてしまい、3歳になる数か月前から自分の描いた絵には「Ｔｏｍｏ」とサインするようになりました。

「ニンニク事件」を境に、トモくんは次々に「英国のトモくん」の話をするようになりました。ある夜、絵本を読んでいた時のことです。

「いぎりすのお母さんは、本読んで『今日はここまで』の合図してくれた」と言って、おでこで軽く指を触れる仕草をしました。寝る前のキスのことを指しているようです。

ある日、ホームセンターで地球儀を見た時のことです。トモくんは英国の上の方を指して「トモくん、エジンバラに住んでいた」と言いました。

またある日のこと、「いぎりすのトモくんはＢ型だった。弱くて運動とかできなかった。いぎりすのお母さんに会いたい」と涙ぐみました。

英国のトモくんはぜんそくで１９９７年10月に死んでしまったようです。

お母さんは不思議な話を否定することなく耳を傾けましたが、お父さんは「ありえないこと」とまったく無関心でした。しかし「ＪＲの脱線事故が起きた」というニュースをみたトモくんが「いぎりすでもサウスオールで列車事故があったよ。列車同士でぶつかって8人が死んだ」と叫んだことを不思議に思って、お父さんがインターネットで調べると「1997年9月にロンドン西方のサウスオールで列車同士が衝突した事故があった」ことがわかりました。事故が起こったのはトモくんが誕生する2年以上前のことです。「トモくんの話は本当かもしれない」とお父さんも考えはじめました。

「英国に連れていけば、本当に英国のトモくんの家が見つかるのではないか」

多忙な中、4歳の幼児を英国まで連れていくのは容易ではありませんでした。結局トモくんの過去生の家探しが実現したのは3年後、トモくんが7歳6か月の時でした。

エジンバラに3日間滞在しましたが、英国のトモくんの家は見つかりませんでした。「探すのに苦労することがわかっていたら、もっとしっかり下調べをしておいたんですけど。それが残念です」とお父さんは語っています。

大門氏がトモくんと面談した時、具体的な記憶はほとんどなくなっていましたが、それでも「大人になったら英国のお母さんを探しに行く」と熱く語っていたそうです。

トモくんの事例については、2014年1月に放映されたNHK「BSプレミアム　超常現象」で取り上げられています。

大門氏は知覚研究所で定期的に開催されている研究会でトモくんの事例について報告し、スティーブンソンの後を継いだジム・タッカー所長から「十分有力な例である」と判断され、研究所のデータの1つとして収められることになりました。

タッカー氏はもともと精神科の開業医でしたが、1996年から生まれ変わりの研究を開始し、現在としています。

「波動関数の崩壊」などの量子物理学の理論を援用しながら「生まれ変わり」が生ずる謎を解明しよう

●「生まれ変わり」事例の考察

大門氏がコンピューターで検索可能なデータベースに入力されている２０３０例を分析した結果、以下のことがわかりました。

①事例が報告された国は40か国です。そのうち、20例以上の報告があるのはインド、スリランカ、タイ、トルコ、ナイジェリア、ビルマ（ミャンマー）、レバノン、米国、カナダの９か国です。インドで過去生の記憶を持つ子供の割合は５００人に１人だったそうです。

②過去生の人物が見つかった例は73％でした。

③同じ国、同じ村で、場合によっては同じ家族に生まれてくるケースが多かったそうです。北米のネイティブ・アメリカンの事例とナイジェリアの事例はすべて同一家族か近親間での生まれ変わりでした。

④子どもが過去生について語りはじめる平均の年齢は２歳10か月でした。自分から話さなくなる平均の年齢は７歳４か月でした。

⑤過去生の死から次の誕生までの期間の平均は４年５か月でした。

⑥過去生で非業の死を遂げた事例が67％を占めていました。

⑦前世の記憶を持っているのは男の子が多く、７割を占めています。
⑧「生まれ変わり」によって経済的環境や社会的地位がどうなるかについての一定の法則性は見つかりませんでした。
⑨過去生で悪いことをしたことで現在の身体に障害があるという事例は稀でした。
⑩自殺した前世を記憶していた事例は23例ありました。

この分析結果について大門氏は以下のような解釈を行っています。

①死んだ場所と生まれた場所が近いのは強い感情的なつながりが続いていたからではないだろうか。「同じ家族のところにもう一度生まれてきたい」という願望と解釈できる。
②前世の記憶を持っている男の子が多かったのは、非業の死を遂げた割合が多かったからではないだろうか。本来働くべき忘却のメカニズムが衝撃的な死によって働かなかったという解釈が可能である。
③因果応報の法則は世間の俗説（現世の行いが来世の運命を決する）ほど単純ではないようだ。「生まれ変わり」の信念を持ちながら「カルマ」という考え方をとらない民族が多い。
④「生まれ変わり」の現象は、自殺しても苦しみは終わらず、苦しみの生ずる場所が変わるに過ぎないことを自殺願望を持つ者に気づかせてくれるのではないだろうか。

以上が大門氏の研究成果ですが、子どもたちが語った過去生の人物が見つかった事例が７割を超えていることは正直いって驚きです。

「過去生を語る子どもたちは、解離性障害など精神に問題があるのではないか」との指摘があります。解離性障害とは、いくつもの人格が現れるといった精神障害の一種ですが、研究を行った結果、こうした点は明確に否定されているそうです。むしろ過去生の記憶を語る子どもは一般的に知能が高いことが知られています。知能が高い人は記憶力がよいという傾向がありますが、過去生のことを正確に覚えているのは記憶力が優れている証拠なのかもしれません。

子どもたちの大部分は、亡くなった人の人生以外についての特別な知識を有していません。彼らが報告する詳細は、客観的な情報ではありませんが、子どもたちは自分が経験したと感じていることに対する感情的な結びつきを示していました。過去生の記憶を持っているかどうかは、前世の最期が大きく影響していることも興味深いと思います。タッカー氏は、すべての子どもが過去生の記憶を持っていないことから、「すべての人間が『生まれ変わり』を経験しているとはいえない」と指摘していますが、「過去生の記憶を持っていない子どもたちの前世の最期は不幸なものではなかった」と解釈することもできます。

●生まれ変わりの村

ヴァージニア大学ほど厳密なチェックを行ったデータベースではありませんが、筆者が注目しているもう1つの事例集があります。

２０１２年７月に「スープ～生まれ変わりの物語～」という映画が公開されました。事故で死んであの世に行った主人公と現世に残された娘を通じて描かれる家族の絆や死生観などがテーマの作品です。あの世に行くと渡される前世の記憶がなくなるという「スープ」を飲むか飲まないかが物語の鍵を握っています。

この不思議なストーリーは、前世の記憶を有する人が多く暮らしているといわれる中国奥地の村を長年取材した森田健氏の著書『生まれ変わりの村』がベースになっています。

森田氏はコンピューターソフト会社を経営するエンジニアです。上智大学電気電子工学科卒業後、富士通で勤務したエリートですが、若い頃から世界中の不思議な現象に興味を持ち「不思議現象の研究者」という肩書きも持っています。

森田氏は、知人の中国人から「中国奥地に前世を記憶する人が集中して暮らしている村がある」と聞きつけ、２０００年から調査を行っています。

生まれ変わりの村について森田氏は「日本から３日かかる。標高２０００メートルで断崖絶壁に洞穴があり、村人は洞穴で生活している」と述べていますが、具体的な地名は明らかにしていません（その村も２０１０年代に中国政府が工業化促進地域に指定したことから、消滅しつつあるようです）。

ところでなぜこの村では前世の記憶を持っている人が多いのでしょうか。

この村には「死後の世界には奈何橋《なかばし》という橋があり、そこで飲めといわれるスープを飲まなければ前世を覚えていられる」という言い伝えが残っているからです。

古代ギリシャでは「魂は転生の前にレーテーの川の水を飲まされるため、前世の記憶をなくすのだ」と信じられていたようです。もしかしたら、この川の水がスープにあたるのかもしれません。日本でも

「イザナミが黄泉の国で黄泉戸喫《よもつへいぐ》をしたから蘇れなかった」という神話が残っています。森田氏の「スープ」の話を知ってコンタクトをとってきた日本人の中で「スープのようなものを見た」と証言した人もいました。それによれば、スープというよりは「水」でした。神社で手を洗ったり、口をすすいだりするための水と柄杓、鹿威しのようなものがあったそうです。

私たちのまわりにも「スープ」のような言い伝えがあったのかもしれませんが、徐々に信じられなくなり、その結果、私たちは前世の記憶を覚えていられなくなってしまったのかもしれません。

この村で「スープ」の言い伝えが残ったことについて、森田氏は「この村では『死のことを話題にするのは不謹慎である』という社会のルールがなかったことが影響しているのではないか」と推測しています。

森田氏によれば、この村で前世の記憶を有する人たち（95人）の死因は以下のとおりです。

事故死57%、病死37%、自殺7%、老衰3%、他殺2%、死刑1%。「自分が死んだことがわからなった」と回答した人が62%もいたそうです。「いつ前世を思い出したか」という質問について、「生まれた時から覚えていた」と回答したのは50%、「しばらく経ってから思い出した」のは50%でした。生まれた瞬間から前世のことを知っている人は、赤ちゃんのうちから大人の心を持っていることになります。生まれてしばらくしてから思い出す場合は7歳の時が一番多いようです。同性に生まれ変わったのは61%、異性になったのは39%です。

「あの世に行った」と答えた人は78%です。生きていた時の病気のままできた人もいますが、あの世にくると治るそうです。この世で長く生きて死んだ人は、籠のようなものの中に100日から3年近く入れば、その後、自由にあちこちへ行けるようになるようです。あの世では病気もありません。

あの世からこの世をみることができる場所があります。「望郷台」と呼ばれる場所です。しかし期限はあの世に行ってから3日間のみです。臨死体験でしばしばみるとされる光の体験やお花畑などの話はほとんどないそうです。あの世は定住するシステムではないようです。１年以内に生まれ変わる人が76％と圧倒的に多いからです。生まれ変わるまでの期間について法則性はないようです。「魂」が入るのは、精子と卵子が結合した瞬間ではなく、生まれる瞬間だそうです。性格は変わるようです。性格は肉体に付随するものだからかもしれません。しかし「性格が変わっても、私は私です」という感覚のようです。

前世の記憶があるということは、考えようによっては「不老不死」です。あの世を介した肉体のリニューアルが行われると考えれば、洋服を新調するようなものです。

この村では、お葬式は白いお祭りと呼ばれています。笛や太鼓を鳴らしながら踊って、一生をともにしてくれた肉体に敬意を払うそうです。日本での「供養」のイメージに近いのかもしれません。

●幸福度が高い生まれ変わりの村

非常に興味深いのは、「生まれ変わり」には因果応報の法則が働いていないことです。「あの世で裁判官にあった」と証言する人がいないからです。銃殺されるような悪いことをした人もこの世で「前世の報い」を受けていません。前世で自殺をしたという記憶を持つ人は、「前世の記憶がなくならないなら、もう自殺はしたくありません」と述べています。

ヴァージニア大学のデータベースにも前世で自殺をした子供のケースが23例ありましたが、「生まれ変わり」の周期は短いようです。自殺後、しばらく混乱状態に陥り、激しい後悔の念にさいなまれるのですが、やがて自分の犯した罪を理解し、すぐに生まれ変わって過去生で耐えられなかったことにもう一度挑戦しようとする傾向があるようなのです。自殺しても苦しみは終わらず、苦しみの場所が変わるだけだとわかれば、目の前の困難から逃げ出すために自殺をしても意味はありません。このことを悟った彼らは再びその課題を果たすためにこの世界に戻ってくるそうです。

あの世に閻魔大王のような裁判官がいなければ、自分が自分の裁判官にならなければなりません。その方が「この世でちゃんと生きなければならない」と考えるでしょう。心理学の用語に「内発的動機付け」と「外発的動機付け」があります。「報酬」や「罰」が外発的動機付けにあたりますが、それがあると内発的動機付けが弱まってしまうといわれています。内発的動機付けが奪われると、自分のやりたいことそのものがわからなくなり、次第に無気力になってしまうそうです。

「人は生まれ変わる」ことがわかれば、内発的動機付けが強まるでしょう。

印象深いのは、この村の住民の98％が「今は幸せだ」と答えていることです。

森田氏は「生まれ変わりの村の人たちとやりとりすると、在るがままを感じます。社会が良しとする価値観を追っていません。運命を受け入れているように思えます。神が人間をつくり、自由を与えて、自分で学ばせて次第に良い人間として完成させようとするストーリーはありません」と述べていますが、「生まれ変わり」の仕組みがわかっていると、目の前の結果に執着せずにただ流れに乗って生きることができるのかもしれません。

私たちは自らの性格に不満を抱きがちですが、「現在の性格は今世でしか経験できない」と考えれば、

「せっかく与えられたこの性格はそのまま受け入れよう」という気持ちになると思います。

自分を肯定すると自分そのものを変えたいという欲求が弱くなり、視点が外側に向き、今までみえてこなかったものが目に入ってくるようになります。すべて認めるということは、お互いに否定しあうことがなくなり、もっと住みやすい世の中になると思います。生まれ変わりの村の人は「この世に再び生まれ変われてよかった」と純粋に喜びを感じているのかもしれません。

そのせいでしょうか、生まれ変わりの村の人たちは神や仏を崇《あが》めていないという特徴があります。生まれ変わりを経験した人で、宗教の信者になった人はいません。無宗教になった事例ならあるそうです。「在るがまま」を体得した人にとって、神や仏に対する崇拝意識は無用の長物なのかもしれません。人生の教訓を垂れたりもしないそうです。

前世の記憶がなければ、あるのは今世の知識だけです。そのちっぽけな知識だけで世界を解釈しようとすれば、「上を目指して努力すべし」という社会の常識に支配されてしまいます。「人生の目的が成長だ」という単一の価値観に縛られているため、非常に「生きづらい」世の中になってしまっています。

私たちは一般的によりよい生活を目指しています。努力して上を目指し、それを達成した者が価値あると思っています。そして自分たちよりも文明が遅れている人々を支配しようとするから、諍いが生じます。しかし前世を記憶している人たちが増えれば、戦争をする相手側に家族や恋人が生まれ変わってくるかもしれないという意識が芽生えるはずです。そう考えると、「スープ」の話が広まることは、戦争を回避させる方向に作用するかもしれません。

森田氏はさらに「この世に『死』があるから、善悪という概念が出てくるのではないか」と問いかけています。「生まれ変わり」の信念がもたらす社会への影響については、後半で詳しく述べます。

●なにが生まれ変わるのか

「生まれ変わり」に対する異論は簡単に思い浮かびます。①実際に過去生を記憶していると主張する人が少ない、②記憶が不十分である、③不正なことが行われているなどです。「生まれ変わり」の信念は、物質界こそがこの世のすべてだという大多数の科学者の見解に対立し、多くの人たちが持っている宗教的信仰にも反しています。

私たちは唯物論的科学観に浸っていますから、肉体の一部である脳がなくなってしまえば、脳がつくり出しているといわれる「意識」や「心」がなくなってしまうと考えるのが自然の流れです。

仮に「生まれ変わり」があるとした場合、なにが生まれ変わるのでしょうか。「過去生の記憶を持つ子どもたち」について詳細な分析を行ったスティーブンソンは、「なにが生まれ変わるのか」についての考察も行っています。

スティーブンソンの仮説は「心搬体（サイコフィア）」です。心搬体という用語は「魂を運ぶもの」を意味するギリシャ語から考え出されたものです。スティーブンソンは一般向け書籍の中では「人格」や「肉体のない人格」と表現しています。スティーブンソンは「心搬体は、妊娠の結果になんらかの方法で影響を及ぼすはずだ。おそらくは胚や胎児に前世の出来事の記憶を伝える『ある種のひな型』をすり込むのではないだろうか」としています。

一般的に、人の特質は遺伝的要因と環境的要因で説明されます。

しかし、この2つでは説明できない部分が存在するのも明らかです。「生まれ変わり」という信念を用いることで、説明できない部分を補うことができるのではないでしょうか。

私たちの脳と身体は生きている間に大きく変わります。例えば赤血球は4か月で、皮膚細胞は2～3週間で入れ換わります。身体のあらゆる原子は約7年で入れ換わりますが、不変なものが1つだけ残るとすれば、それが記憶です。記憶は人のアイデンティティの核にあって、一貫した自意識をもたらしています。

前世から持ち越す可能性のある記憶としては、「イメージ記憶」や「行動的記憶」のほかに「識閾下認知的記憶（実際保持していながら身に付けた覚えのない知識）」などがあります。イメージ記憶は、意識に残っている記憶であり、行動記憶は意識には残っていないにもかかわらず身体が覚えている記憶のことです。

過去生の記憶を持つ子どもたちがまるで私たち大人が子どもの頃のことを思い出して話すかのように過去生での体験を語りますが、私たちは誕生から今まで多くのことを体験しているにもかかわらず、すべてを覚えているわけではありません。むしろ、ほとんど忘れているといっても過言ではありません。大門氏は「多くの人は過去生で体験したことをただ忘れているだけかもしれない」と推測していますが、イメージ記憶には残っていないけれど、体験そのものはどこかに記憶されていて（行動記憶）、それが人の特性として表れるのかもしれません。

自転車に乗れるようになった体験を例に考えてみましょう。ほとんどの人は練習もせず、すぐに自転車に乗れたわけではありません。両親や兄弟などに乗り方を教えてもらいながら、何度も転んでは起き上がり、一所懸命練習したのではないでしょうか。一度乗れるようになると、多くの人は練習したという事実をすっかり忘れてしまいます。しかし、自転車に乗れるという技能は身体に刻み込まれていきます。

これが練習したという「イメージ記憶」は残らず、練習した結果、身に付いた技能、すなわち「行動記憶」が残っているという例ですが、印象に残る記憶であれば、イメージ記憶は残っていなくても、行動記憶として残り、生まれ変わった時、なんらかの形で表れるのではないでしょうか。

「識閾下認知的記憶」は嗜好や技能などがこれにあたると思います。

例えば、「幼い頃から、なぜかエジプト関連のものに深い関心を示す」「家族が誰1人親しんだことがない異国の楽器に興味を持ち、それを簡単に弾くことができるようになった」例が報告されています。また、作曲などに天賦の才を発揮する子どもや人並み外れた運動神経の持ち主なども過去生での体験が生かされている可能性があります。

このように、遺伝要因や環境要因で説明できないケースは、もしかしたら過去生に原因があるのではないかと考えられます。

生まれ変わりの村でも、基礎的学力、蓄えた知識、語学力、料理・伝統工芸、楽器を演奏するなどの技術、クリエイティブな才能（作曲、絵画など）などが引き継がれるとされています。

●意識という謎

スティーブンソンは「心と身体の関係にまつわる現在の考え方を根本的に変更する必要がある。心はなんらかの非物質的なものではないか。心は脳ではなく、脳を利用する側である」と主張しています。

私たちの脳の重さは１３００グラム、外観は皺だらけで、固まったゼリーのような妙な形をしています。このなんでもないような物質の塊とそれが生み出す精神作用とはあまりにも不釣り合いです。スーパーコンピューターは膨大なエネルギーを要しますが、私たちの脳は60ワットの電球ほどのエネルギーしか消費しません。なのに非常に効率がよいのです。脳は、約１０００億個の神経細胞の集まりです。神経細胞は、長い枝のようなもの（樹状突起）を互いに出し合って、複雑なネットワークを脳の中でつくっています。

神経細胞が活動する時、細胞の中を弱い電流が生じます。その電流を測ったものが脳波です。しかし神経細胞と神経細胞の間（この場所はシナプスと呼ばれています）に電流は生じません。その代わりに神経伝達物質が一方の神経細胞からもう一方の神経細胞に流れることによって間をつないでいます。ニューロンやネットワークの構造や脳の領域についてはかなりわかってきていますが、そこを流れている信号が、私たちにとってどのような意味があるのかはよくわかっていません。

神経細胞の複雑なネットワークを電気と化学物質が伝わった結果、さまざまな「感覚」「思考」「感情」として感じられるようになり、「心の中に１つの考えが浮かんだ」という自分の心の動きを感じる現象は「意識」と呼ばれています。脳が持つ「思考」「感情」「記憶」「欲求」などのさまざまな機能は一括して「心」と称されています。

科学者の多くは、人間の意識を構成するのはデジタル情報であると考えています。

ＤＮＡの二重らせん構造の共同発見者であるフランシス・クリックは「人間の精神的活動は、細胞や原子、イオン、分子などが相互作用によりつくり上げたものである」と主張しました。人工知能のパイオニアであるマービン・ミンスキーも「脳とは肉でできたコンピューターである」と結論付けましたが、彼らは後で説明する量子物理学の知識が乏しかったようです。

科学者の多くが「脳の活動は、電流と化学物質（神経伝達物質）の分泌に尽きる。意識は複雑な脳の働きが生み出している」と信じているのにかかわらず、意識が脳でつくられていることを示す直接的な根拠はいまだに見つかっていません。最先端の脳科学をもってしても、「意識」について解明できていないのが現状であり、精神や認知といった分野はまだ謎の多い領域なのです。「意識のハードプロブレム」と呼ばれる問題です。「物質としての脳の情報処理過程からどのようにして主観的な意識が生まれるのか」「意識とはそもそもなんなのか」という研究が進めば進むほど、皮肉なことですが、意識は脳とは独立して存在していることがわかってきているようです。

脳と意識の関係をテレビとその画面の関係のようなものかもしれません。テレビをつけてドラマを観たとしても、演じている俳優がテレビの画面の中にあるわけではないのと同じように、脳は、意識を日常での経験へと変換する受信機に過ぎず、意識自体は脳の中に存在していないと考えることもできます。

脳の基本的な機能は情報にフィルターにかけることだとする説も出てきています。

大門氏は「脳の背後に心があり、脳は時々刻々知覚し、記憶してしまうものの中から、自身に有効そうなわずかな量だけ選び取る『ろ過装置』の役割を果たしているのではないか」と考えるようになりました。

英国、米国、カナダの15の病院で、心臓発作を起こした2000人以上の人を対象に行った研究によれば、生還できた300人のうち病後の経過が良好だった140人に面談したところ、臨床的には「死亡」の状態であったにもかかわらず、40％の人が「意識があった」と報告したそうです。その中には自分に施された心肺蘇生の方法や携わった医師のことを正確に記憶していた例もありました。

神秘的な体験をしているときの脳の状態は一種の暴走状態になっているのではなく、むしろ活動が抑えられた状態になっていることもわかってきています。神秘的な体験を引き起こすシロシビンといった薬物を摂取した時の脳の状態を、脳の活動を視覚化する装置であるｆＭＲＩを使って調べた最新の研究では、脳の活動が抑制されていることがわかっているのです。脳がろ過装置のようなものだとすれば、このような体験は脳の活動が抑えられたからこそ、普段は知覚できないようなものが知覚できたと解釈できそうです。

●末期意識清明

「細菌に感染して大脳新皮質が壊されたことで、私が自覚している意識はそれまでの人生における通常の覚醒時には例のないレベルまで大幅に拡大されました。私はこの体験すべてが死に瀕した脳が引き起こす壮大な幻覚的トリックだったと解釈しようとしました。しかし主治医たちは、私の症例が示す医学的根拠から、私の大脳新皮質は損傷がひどいため、複雑な幻覚や薬物の影響、夢幻状態を含む一切の確固とした意識的経験を担うことはできないことを知っていました。そこで大々的な再調査を行ったところ、観察可能な物理的宇宙の空間と時間からなる4次元的世界ではなにも起こっていなかったものの、私の経験が本物だったことが明らかになったのです」

このように自らの昏睡状態を説明しているのは脳神経学者であり、『プルーフ・オブ・ヘブン』の著者であるエベン・アレグザンダー氏です。アレグザンダー氏は、ノーベル賞候補者にも挙げられるほどの科学者でした。神や霊の世界を信じない、信じるものは、実証され、反復され、誰がみてもわかるような科学的証拠のある事実だけであるという典型的な医師でしたが、大腸菌性髄膜炎により、脳を冒された結果、意識不明の昏睡状態に陥り、以後7日間、人工呼吸器につながれ、生と死をさまよっている間に臨死体験をします。その時の経験を書いたのが、全米で200万部を超えるベストセラーとなった『プルーフ・オブ・ヘブン』です。自ら臨死体験をするまでは死後の生命の可能性など考えてもみなかったアレグザンダー氏は、7日間の昏睡状態の臨床データを分析し、自分自身の大脳皮質は機能停止しており、幻覚をみることすらできない状態であることを医学的、科学的に証明しています。

この衝撃的な体験はアレグザンダー氏の科学に対する見方を根本的に変えました。アレグザンダー氏も「意識は脳でつくり出される」と考える人に対して、「意識は脳でつくられる」式のモデルがあてはまらない臨床例を提示しています。

認知症が進行している死期が近い人は、驚くほど意識が冴え、記憶を取り戻していろいろなことを思い出すことが少なくありません。亡くなる数日前から起こることが多く、患者は突然意識がはっきりして、以前よりもはつらつとします。優しい言葉や安心感を与える言葉を口にします。

最期の日々には言語機能が崩壊すると考えられるにもかかわらず、実際にはより複雑な言語が観察されることがわかってきています。アルツハイマー病による神経細胞死および脳組織喪失で脳が急激に萎縮した人が、死の直前に意識を取り戻し、最期の言葉を紡いだケースは10%に上るそうです。それまでまったく動けなかった患者の運動能力が回復した事例もあります。

死期の迫った人々は、物質的なものと非物質的なものの間にある、ほかの人々には理解できないものが理解でき、目に見えない世界を垣間見ることができるのかもしれません。

「内なる声」が現れる死の間際のわずかな時間に意識が復活する現象を、医療関係者は「末期意識清明」と呼ぶようになっていますが、脳が死んでも、意識は死なない可能性を示唆しています。

アレグザンダー氏が主張するように、自分という内的感覚は、脳が機能停止した後も損なわれることなく長く残ります。最後まで残るのは聴力ではなく意識なのかもしれません。

●ヘミシンク

アレグザンダー氏は「臨死体験をして訪れた霊的な世界ではその全域を知るにあたり、音楽、音や振動が重要な役を担っていた」と興味深い指摘をしています。「この世界のすべてが波動であることによるからではないか」とアレグザンダー氏は推測していますが、人間の感覚器官、特に視覚と聴覚は、電磁波（可視光線）、音波などの振動する波動を網膜や鼓膜が情報として受け取り、処理しています。今日の神経科学モデルでも、脳内では複雑な構造を持つ神経細胞が局所的に限られた時間幅で発火するパターンに基づき、情報処理が行われているとされています。

今日の神経科学では、「統一された全体としての意識を生じさせているのは原始的な神経回路ではないか」との説が出されていますが、下位脳幹の神経回路から発生する振動のうなりが大脳新皮質における支配的な電気活動を誘発または同調させ、その機能全体を調整する作用を持つのではないかというわけです。

アレグザンダー氏は「瞑想でも同様な体験ができる。瞑想にはさまざまなやり方があるが、昏睡から覚めた後の私にとって最も役に立ったのは、ロバート・モンローが開発した瞑想法だった」と述べています。開発者のモンローは、1950年代にニューヨークでラジオ番組の制作者として腕を振るいましたが、睡眠学習用の音波の研究しているうちに、体外離脱を頻繁に体験するようになりました。モンローはその体験を40年にわたって詳細に考察し、深層レベルの意識の探究を可能にする音響技術を開発しました。モンローがつくり上げたシステムは、「ヘミシンク」という名前で日本でも知られています。

ヘミシンクにはリラックス状態をつくり出し、選択的に意識状態を高めてパフォーマンスを向上させる効果があるとともに、深い瞑想や神秘体験をもたらすこともできます。

ヘミシンクの原理は、特定の音響パターンを組み合わせることによって左右の耳にわずかに異なる周波数の音を入れ、周波数の差異に脳波を同調させることにあります。左右の耳に異なる周波数を聞かせると、共振した周波数のビート音が脳内で発生します。この現象はバイノーラルビート（両耳性うなり）と呼ばれますが、脳幹には音源の位置を特定する非常に精度の高い時間差検知システムが備わっているそうです。

この原理を応用したヘミシンクのバイノーラルビートは、網様体賦活系を活性化し、その結果時間差信号のインパルスが意識水準を維持する視床や大脳皮質へと投射されます。

脳波とは脳における電流の変化を測定したものですが、心身状態とある程度の相関があります。しっかりと目覚めた覚醒状態にはベータ波（13ヘルツ以上）が、リラックスするとアルファ波（7～13ヘルツ）が、浅い睡眠や瞑想時にはシータ波（4～7ヘルツ）が、熟睡時にはデルタ波（4ヘルツ以下）が優勢になります。

通常とは異なり深くリラックスした状態になるためには、13ヘルツ以下の脳波が出る必要がありますが、人の耳は20ヘルツ以下の音は聞こえないことから、モンローは音を使って脳波をそれに対応する状態へ導けないかと考えました。ステレオヘッドフォンを使って左右の耳に若干異なる周波数の音を聞かせると、周波数の差に相当する音が脳内で発生します。例えば、右の耳に１００ヘルツ、左の耳に１０４ヘルツの音を聞かせると、両者の差である４ヘルツの音が脳内の脳幹で生じ、脳波はそれに従います。さらに左右の脳波がそろい、それが脳全体に伝わって脳波になります。

ヘミシンクの技術は、医療機関や大学との共同研究によって臨床的にも検証され、長年の研究によって安全性と有効性が証明されているそうです。

昏睡から覚めてその間の体験を理解することに努めてきたアレグザンダー氏は、ヘミシンクによって、髄膜炎に罹った時のように脳の物理的な働きが抑制され、肉体を超えた意識を再び体験できたそうです。

●量子物理学

アレグザンダー氏は「宇宙は波動によって成り立っている」と述べましたが、最新の物理学も同様の見解です。

過去3世紀にわたり飛躍的な発展を遂げてきた近代科学は、20世紀に特に物理学の分野で大きな衝撃に見舞われました。科学的に十分解明されたと考えられてきた物質に対する理解はまったく違っていることが明らかになったからです。それ以上は分解できないとされてきた原子が、物質の盤石な構成要素ではないことが判明したのです。

物理学は300年をかけて、さまざまな法則を見出し、精緻化を進めて構築されてきたにもかかわらず、諸法則のほとんどすべてが、量子という微小な世界では完全に間違っていることが明らかになりました。量子物理学とは、分子や原子や素粒子といった微視的レベルの物理現象を解明する学問のことです。「万物は原子モデルや分子モデルで示されているような、極小の球体から成り立っている」という古典的な捉え方を離れ、すべてを非物質化するところに大きな特徴があります。

現在、原子といったものは物質ではなく、一定の空間上や時間上に停留しているものではありません。宇宙全体に薄く広がっていることがわかっています。素粒子や物体は一見独立しているかのようにみえても、実際には相互の深いつながりを持っているのです。

量子物理学が登場する前に主流だった科学は、巨視的な物体の世界を見事に説明できていました。壁に立てかけられて安定している梯子、矢や弾丸の飛行、惑星や風変わりな軌道を進む彗星の自転や公転、便利な蒸気機関、電信、電気モーターと発電機、ラジオ放送などです。

しかし新たに生まれた量子物理学は、完全に私たちの直感に反するものでした。すべてのものを構成している自然の基本粒子である量子は、どの瞬間をみても、どこにも存在しないと同時に、あらゆる場所に存在していることがわかったからです。膨大な数の原子が集まって大きな物体をつくる時、量子物理学的なふるまいは互いに打ち消し合って消えてしまい、古典的ニュートン物理学に従って正確に予測できるという状況が現れる（統計効果）ことから、私たちは普段そのことにまったく気づきません。しかし、量子は、古典科学が従っているとされる厳格な因果律に支配されることなく、どこに存在するか、なにを行うかの自由を許されているようにふるまっています。

アインシュタインは「私たちが物質と呼んでいるものはエネルギーであり、その振動は感覚で捉えることができないほど周波数が低いだけだ。物質というものは実は存在しない」と書き残しています。質量とエネルギーは等価であることから（$E = mc^2$）、エネルギーさえあれば、なにもないところに突然物質が現れることがあるのです。質量保存の法則は、相対性理論によって否定されていて、より大きな意味でのエネルギー保存の法則にとって代わられています。この世界には物体という対象は存在せず、そこにあるのはエネルギーの振動とその相互作用だけなのです。

最先端の「超ひも理論」では、量子は、当初考えられていたような分離した個々の粒子ではなく、振動する一次元のフィラメント、すなわち、「ひも」であると捉えられています。私たちが物体として捉えているものは、ひも状につながったエネルギーが素早く動いている状態であるというのです。

我々の目の前にある「物質」というものは存在しないのです。私たちが物質と思っているものの実体は、すべて「エネルギー」であり、「波動」にほかならず、それを「質量を持った物質」や「固い物体」と感じるのは、私たちの日常感覚がもたらす錯覚にすぎないのです。すべてはこの宇宙の中で起こったエネルギーと波動の動きにほかならないのです。

●意識が宇宙を生み出している？

量子物理学にはさらに「観測問題」という不思議なテーマが存在します。

量子物理学によれば、小さな量子規模の微粒子は、固体というより確率波（その位置は不確定で確率として知ることができるのみである）として存在します。対象が測定された時だけ、その確率波は崩壊して、1つの粒子に特定されるのです。

2つの通路のいずれかを通過できる小さな電子を取り上げてみましょう。どちらの通路をとるかの確率は五分五分です。量子物理学によれば、それがどちらを通るかは、なんらかの測定装置を使って観察するまで、まったくわからないというのです。常識的に考えれば、電子は1つの通路を通りますが、私たちはそれをチェックするまでどちらになるか知らないだけだということになるでしょう。しかし、粒子は観察されるまで、実際にどちらの通路も通らないのです。どちらの通路を通るかに関して、五分五分の確率として存在しているだけなのです。

電子は誰も観察しなかったなら、同時に両方の経路をとるのに、誰かが観察していたなら、片方の経路だけとるのです。このようにふるまう粒子は、量子とともに波の性質を有することから、これらの現象は量子状態と呼ばれていますが、観察者の意識が、観察する対象と切り離すことができない関係にあることがわかったのです。

無数に存在する可能性の1つに量子系を収束させるのは、測定という行為であり、さまざまな可能性の中から1つの現実への析出を完成させるようにみえるのは、観察者による意識の働きと解釈することができます。系の物理状態とそれを観察しているなんらかの存在の意識との間に、一種不気味な結びつきがあるようにみえるのです。量子物理学が描く宇宙像は、「なにかが存在しうるためには観察者を持たなければならない」というものです。測定されるまでは事象が起きないという世界なのです。宇宙を深く理解するためには、素粒子の次元での意識の役割を認める必要が出てきましたが、科学者はこれまでまったく研究対象としてきませんでした。意識が研究対象から外れていたのは、「測定できないものは現実には存在していない」とみなされていたからです。

私たちは自分の心が世界の中に存在すると考えていますが、実際は私たちの心の中に世界が存在するのかもしれません。このような発想は仏教の唯識思想と同じです。

●絶対唯心論には要注意

「人の生命活動が終わった後意識も失われるという見解は、あくまで『意識が脳細胞の働きに過ぎない』という仮定の上での話である」

このように指摘するのはダライ・ラマ14世です。

ダライ・ラマ14世の「生まれ変わり」に関する見解は以下のとおりです。

①仏教では死後も意識は消失せず、ほかの生命の意識として生まれ変わるものと考えている。輪廻が運んでいるものは私たちが日頃感じている意識とは違い、もっと究極的なレベルにおける意識のありよ

うである。

②肉体が死んで別の物質に分解されるように意識の本質は生命全体のサイクルの中へ戻り別の生命の意識を生み出す素となっている。

③因果の仕組みは非常に繊細かつ複雑で人間が正確にそれを予測したり把握したりすることは不可能である（仏教では、過去の行為は細大漏らさず記憶され、現在の現象を生み出す種子として無尽蔵に蓄えられていると考えられています。その一切の行為を記憶されているのは「阿頼耶識《あらやしき》」です）。

阿頼耶識は深層心理に相当するものであり、感覚・知覚または思考作用の底にそれらの諸作用を生み出す根源的な心があると考え、心の動きや感情、表情、生きる力など人生のすべてのよりどころとされています。阿頼耶識では私たちが日常使っている先天的直観形式（時間や空間）によっては把握できないとされていますが、「唯識思想を打ち出した人々が、ヨーガ（サンスクリット語で「統一」という意味）という実践を通して自らの心の奥深くに沈潜し、記憶が潜んでいる蔵のような場所を発見した」とされています。

仏教ではこの阿頼耶識が「生まれ変わり」をする主体として考えられているのです。

人がこの世で経験していることは過去につくったカルマがいくつもいくつも重なり合って成立していますが、その現れ方に規則性はありません。仏教には「阿頼耶識に蓄積された無数の記憶の種子は、それぞれ時間差をもって熟してくる（現実化してくる）ことから、人間がそれを正確に予測することは不可能」だとする「業異熟」という考え方があります。

以上が仏教の唯識思想の概略ですが、最先端の物理学者が興味を覚えるのはもっともだと思います。

過去生の記憶を持つ子どもたちは、別の人の中に存在していた意識を持っているようにみえます。これは物質主義的な見地からすれば、ばかげたものにみえるかもしれませんが、量子物理学の諸発見を考慮に入れると、状況は興味深いものになります。もしも物質的な宇宙が意識から育ったものであるなら、人の個別意識が物質的な脳が死ぬ時に死ぬと考えなければならない理由はなく、死後も存続するかもしれないからです。

タッカー氏も「科学は非常に保守的なもので、新しい世界観は既存の知識とかみ合うものでなければならないという理念の上であぐらをかいてきた」とした上で、「私たちは日常の経験から、意識は誕生にはじまり死で終わると思っているが、私たちが生きている間は脳が意識の媒体として働くのであって、意識は私たちが生まれる前から存在し、死後にも存続して新たな媒体を見つけるのではないか。今や一部の物理学者たちが、意識を脳とは別物であり、宇宙の中で重要な働きをする実体と考えている。意識による観測は、少なくとも微視的な量子の世界では、未来に、さらには過去にさえ影響を与えることができるようにみえる。もし意識が宇宙の基本的構成要素であるとすれば、それはこの地上に住む私たちが持っている小さな脳とは別個に存在すると考えてよいだろう」との見解を示しています。

どんな人にとっても意識は身近なものですが、この宇宙にあるものの中で意識のメカニズムほど知られていないものはないのです。意識というものを取り込んで量子物理学と相対性理論を統合する「万物の法則」は現段階では存在しません。

観察が生成のメカニズムを担うことは、観察者が創造者であると解釈できることから、一部の科学者は「意識は進化の単なる偶発的な副産物などではない。物理学におけるさまざまな発見から導き出される論理的な結論は、意識が実際に宇宙をつくり出すということである。意識が根源的な存在の力であり、物理的な宇宙はそれに次ぐ二次的な存在である。私たちは、より大きなものの一部である意識のかけらを持っているのではないか」と主張しています。

しかし、行き過ぎは禁物です。「量子物理学によれば、意識がこの物質宇宙を創り出すことは判明している。つまりあなたの意識がこの世界をつくっているのだから、意識が変化すればなんでも可能になるのだ」といった調子の極端な「絶対唯心論」は眉唾ものだからです。

意識がさまざまな可能性の状態にある現象を確定させるのだとしても、確定される以前の現象も意識の産物であるという証明にはならないからです。

ちなみにスティーブンソンは研究の一環として「人の過去生がわかる」とする8人の霊能者から「過去生リーディング」を受けましたが、彼らが伝える内容はバラバラで一致するものは1つもなかったそうです。

●鍵を握るのは「情報」という概念

それでは、「生まれ変わり」という現象を量子物理学を用いて説明することはできるのでしょうか。

「あの世は情報で成り立っているのかもしれない」

このように指摘するのは森田氏です。

森田氏が情報に注目したのは、物理学の世界では「情報がこの世を具現化する」とされているからです。情報がものごとのはじまりなのです。「情報」という概念は、量子物理学者のディヴィッド・ボームが、「受け手に実際に『形』を与える」現象を「イン・フォーメーション」と呼んだのがはじまりです。情報は媒体を選びません。媒体を選ばないのなら、人間という個体が変わっても、前世の記憶は保持できる可能性がありそうです。

コンピューターエンジニアである森田氏は、「前世の記憶は脳の外部にある」とした上で、前世記憶がある場所と人間の脳の関係を、インターネットのサーバーとオンラインでつながったパソコンに例えています。前世の記憶をサーバーにバックアップコピーしておけば、パソコン（肉体）が変わっても、再び前世の記憶にアクセスできます。

しかし、サーバーがどこにあるのか、どういう方法でつながるのかわかりません。

ところで、そもそも「情報」とはなんでしょうか。

情報は実体を持ちませんが、いつでも物理的に具象化されています。情報はものではなく、物理的なものの配列、つまり、物質秩序といえます。

驚くべきことですが、歴史を振り返ると、「情報」という概念は、20世紀初頭までは自然科学の考察の対象外でした。自然現象は物質とエネルギーという2つの要素で説明できると思われていたからです。20世紀前半はこれまでの物理学（ニュートンによる3つの力学法則：慣性の法則、運動の法則、作用・反作用の法則）が大きく変化を遂げたパラダイム・チェンジの時代でした。19世紀後半から20世紀初頭にかけて行われたさまざまな実験により、電子のような微少な物体は、古典力学の原理に従わないことが明らかになり、量子物理学の成果が半導体技術などを通して情報技術に寄与しているのですが、量子物理学からは情報という概念は生み出されませんでした。

量子物理学の成果を情報技術として開花させたのは、ある一人の天才的な人物による「情報」概念の体系化でした。その人物とは、クロード・シャノンという米国の数学者です。シャノンによって体系化された「情報理論」は、情報を伝える技術である通信をいかに効率的に行うかということを数学的に解析した考え方です。効率的な通信技術を明らかにするためには、通信が扱う対象である情報を計測することができなければなりませんが、情報はどうやったら計測できるでしょうか。

なにかを計測するためにはそのための基準をつくる必要があります。基準があれば、その基準との比較で計測をすることができますが、情報に関する基準をつくるのは容易なことではありませんでした。情報は目に見えないことに加え、絶対的な値を決めることができないからです。情報はすべての人にとって同じように価値を持つわけではなく、その価値は受信者に依存した相対的なものですが、「情報を得る」ということは知らなかったことを知るという共通の特徴があります。特定の事柄に対して、「未知」が「既知」という状態に変化すれば、そこには情報が存在していると考えるのです。

しかし「未知」を「既知」のことに変化させることが情報の本質だとしても、ある人が情報を得たかどうかは、外から窺い知ることはできません。そこで、人間の行動に着目します。「未知」のことが「既知」のことになれば、人間はそれに基づいて行動すると考えます。人間が情報によって物事を判断し、行動に出ることによって情報の存在を可視化するのです。

このように人間を基準にしてはじめて、情報を計測することができるのです。

それでは情報は自然界でどのようにして生み出されるのでしょうか。

宇宙はエネルギー、物質、情報で成り立っています。エネルギーと物質はもともと存在していますが、情報は最初から存在するものではありません。物理学ではエネルギーが流入し続けるより、情報が発生すると考えられています。身近でいえば、浴槽の栓を抜いた時にできる渦、コーヒーにミルクを垂らした時に生ずる渦などが典型例です。多数の粒子からなり、大量のエネルギーが流入する系（非平衡系）では、情報（渦がその例）が自然に発生しやすいのです。エネルギーの流入によって物質は自己組織化できるようになるのですが、地球という系のエネルギー源は太陽です。

このように最近注目を集めている情報ですが、車椅子の物理学者として知られたスティーブン・ホーキングが「情報はブラックホールに飛び込んでも消滅しない」と主張していたように、情報不滅の法則があるといわれはじめています。

●ゼロ・ポイント・フィールド

情報が不滅だとすれば、宇宙のどこにどのような形で保存されるのでしょうか。

そのヒントになるのが、量子物理学で最近議論されている「ゼロ・ポイント・フィールド仮説」です。ゼロ・ポイント・フィールドとは、端的にいえば、この宇宙のすべての場所に遍在するエネルギー場のことです。すべての場所には、宇宙の過去、現在、未来のすべての情報が記録されているという仮説です。

現代科学の最先端の量子物理学においては、なにもない「真空」の中にも、膨大なエネルギーが潜んでいることが明らかになっています。量子物理学では「量子真空」と呼ばれる極微小の世界の中に膨大なエネルギーが存在し、世界の基本的な構成要素、すなわち量子と呼ばれる粒子が、宇宙的な根源とされる量子真空から生まれると考えられています。この考えをベースにしたのが、現代の最先端の宇宙物理学が提唱する「インフレーション宇宙論」です。この理論によれば、138億年前には宇宙は存在しませんでしたが、そこには量子真空のみが存在しました。量子真空の中でふとしたことから「ゆらぎ」が生じ、その直後に急速な膨張（インフレーション）が生じ、宇宙が誕生したとされています。

量子真空の中には、この壮大な宇宙を生み出すほどの膨大なエネルギーを宿していますが、量子真空の中にゼロ・ポイント・フィールドと呼ばれる場が存在し、宇宙の過去、現在、未来のすべての出来事が記録されているというのです。そのメカニズムは以下のとおりです。

宇宙で起こったすべての出来事が波動として記録され、波動のすべての痕跡が、「波動干渉」の形でホログラム的に記録されているというものです。ホログラムとは、波動干渉を利用して情報を記録する技術のことです。特殊な手段によって2次元で記録された対象を3次元的に表現するものですが、角砂糖ほどの大きさの媒体に、国立国会図書館の全蔵書の情報が収められるほど、膨大な情報が記録できるとされています。したがって、ホログラム的な構造で情報を記録しているのであれば、ほぼ無限に近い膨大な情報を記録することが可能となります。

量子真空には解明されていない部分が多数残っていますが、それが極度に高密度の媒体であることはわかっています。高密度の量子真空で生み出されるエネルギーは、量子真空の中に渦を生み出し、渦たちのつくる干渉模様は、その渦たちがかかわり合った粒子の集合の情報として痕跡を残すとされています。量子真空の渦はそれを生み出した粒子の状態に関する情報を記録することになるのですが、重なり合っている干渉パターンは自然のホログラムであり、量子真空は宇宙の記憶であるホログラフィックな場を生み出すというのです。

量子真空は摩擦のない媒体なので、波や物体は抵抗を受けることなく運動し続けます。したがって量子真空では宇宙に関する波の記録は永遠に保存されるようなのです。すべての粒子や粒子の集合に関する情報が時間や空間に制約されることなく保存されるというわけです。

現代の物理学は、過去、現在、未来は同時に存在しているとしています。

アルバート・アインシュタインは、私たちが生きる3次元の空間に第4の次元として時間を加え、4次元の「時空連続体」という考え方を提唱していますが、この時空連続体においては、過去、現在、未来が同時に存在するものとして扱われているのです。

アインシュタインは友人との書簡の中で、次の言葉を残しています。

「我々物理学者にとっては、過去、現在、未来というものは幻想なのです。それがどれほど確固としたもののようにみえても、幻想にすぎないのです」

ゼロ・ポイント・フィールドに過去と現在だけでなく、未来の情報も記録されているということは、私たちの人生の未来はすべて決まっているのでしょうか。

しかしそうではないようです。ゼロ・ポイント・フィールドに記録されている未来は、「可能性の未来」だからです。量子物理学の世界では、電子の位置は、観測する前はさまざまな場所に存在する可能性の集まり、すなわち「確率分布」としてしかわかりません。

しかし、観測することによって、その位置が確定するのです、これが量子物理学における「波動関数」の考え方ですが、ゼロ・ポイント・フィールドに記録されているとされる未来の情報は、さまざまな未来の可能性としての確率分布に過ぎないのであり、それが現実になった瞬間に1つの可能性が現実として確定するのです。私たちが具体的な行動を通じて、可能性の未来を現実にした時、1つの未来が確定するのです。

私たちの心がゼロ・ポイント・フィールドと量子レベルでつながっていることから、私たちはゼロ・ポイント・フィールドから情報を受け取ることができるとともに、ゼロ・ポイント・フィールドに自らの情報を送ることができるとされています。

●量子生物学の知見

量子物理学は、例えば原子の中で電子がどのように分布するかを説明するための数学理論として生み出されたものですが、化学、物質科学、さらにはエレクトロニクス分野の基礎をなしています。身近なところでは、「太陽はなぜ輝いているのか」が関係しています。太陽はいわば核融合炉であって、水素ガスを燃やして熱と光を放出していると一般的に説明されますが、「壁をすり抜ける」という驚くべき量子の性質がなければ、太陽は輝くことができないということを知っている人は少ないと思います。

量子トンネル効果と呼ばれるもので、音が壁を通り抜けるのと同じように、乗り越えられそうにない障壁を粒子が簡単にすり抜けてしまうという奇妙な量子プロセスです。

量子物理学を生物学に応用する観点から、1970年頃に「量子生物学」が誕生しましたが、その後しばらくの間停滞していました。なんらかの存在が、波動的な挙動を示したり、同時に2つの状態をとったりするという量子物理学的な振る舞いをするには非常に限られた環境においてのみ可能ですが、細胞の内部という温かく入り組んだ環境の中では量子状態が存在することはありえないとの認識が広まったからです。

しかし21世紀に入ると、植物や微生物といった温かく湿っていて荒れ狂った系の中でも量子状態が維持できることがわかったことから、量子生物学は長足の進歩を遂げつつあります。酵素作用、光合成や呼吸、嗅覚や磁気感覚、遺伝などで分野で次々と量子物理学なプロセスが発見されており、生物が生きる上で欠かせない基本的な作用として理解されはじめています。

私たちの脳の働きにおいても量子的プロセスが深く関与しているとする考え方も出てきています。理論物理学者のロジャー・ペンローズ氏らが１９８０年代に提唱した「量子脳理論」が有名ですが、残念ながらこの説については最近否定的な見解が多数を占めています。人間の脳には約１０００億個の神経細胞がありますが、感覚によって発生した膨大なパルスの流れを1つにまとめて意識的な印象（クオリア）をつくり出している特定な場所が見つかっていませんでした。このためパルスによって生じる個別の情報がどのようにしてひとまとまりの知覚認識を生み出すのかが謎でしたが、新しい考え方が生まれてきています。

「パルスによって生じる電気活動は、脳の電磁場に含まれるすべての情報を1つにまとめ上げているのではないか」という説です。最近の実験により、脳自体が発生する電磁場に強さやパターンが似ている電磁場を外部からかけると、脳の神経発火が影響を受けることが実証されています。このような知見から、神経発火によって発生する脳自体の電磁場も神経発火に影響を与えていると考えることができ、このようなフィードバックループが意識の重要な構成要素であると論じられているのです。

電磁場は、脳の互いに離れた場所にある量子物理学的なプロセスを1つに結び付けることで、無意識から意識的な思考への移り変わりになんらかの役割を果たしていることがわかってきたのです。このことは決してテレパシーのような「超常現象」の存在を裏付けることにはなりませんが、量子物理学の奇妙な性質が、生命現象の中で最も謎めいた産物である意識になんらかの関係があることを示唆しています。

●「生まれ変わり」は科学的に実証できる？

ゼロ・ポイント・フィールド仮説を提唱しているのは、世界賢人会議ブダペストクラブの創設者であるアーヴィン・ラズロ氏です。ラズロ氏はゼロ・ポイント・フィールドのことを古代インド哲学で語られるアカーシャ（宇宙誕生以来のすべての存在についてあらゆる情報が記録されている場）の名称にちなんで、「アカシック・フィールド」と呼んでいます。

物質とは高密度のエネルギーであり、生命体とは有機的な構造を持つに至った物質です。言い換えれば、生命とは情報化された物質です。生命とは情報によって秩序化された物質であり、その生命の中のエネルギーの流れから思考が生まれます。

私たちは一生のうちどの瞬間においても、自分が考え、感じ、知覚した、すべての記録をゼロ・ポイント・フィールドに書き込んでおり、人々の生涯の経験をコード化して保存しているホログラムは、時間が経過して現在の宇宙がなくなっても消えないことはすでに述べました。

人間の思考というものは脳細胞における電気的、化学的な現象ですが、脳のネットワークに1つの形状として残ります。脳の活動が量子物理学で説明できるようになれば、この仮説の真実味が増すと思います。私たちが経験することのすべて（想念、イメージ、印象など）は、真空の中に保存され、人類の集団的な記憶装置の一部になるのです。すべての生命の活動は、それが活動した空間の中で情報として残ります。地球は天地創造以来のすべての生命が残してきた無限の情報で満ちているわけです。

ラズロ氏はさらに「情報が、真空の波の干渉パターンの重ね合ったもの（ホログラム）によって伝達されるとすれば、情報はある場所から別の場所へ、瞬間的に、しかもエネルギーの消費を伴わずに伝達することができる」と主張します。

時間と空間を超えた情報伝達が起こるということが事実であるとすれば、「生まれ変わり」という現象を科学的に説明することが可能になります。ある人が生きて思考するということは、それにかかわった空間を変形させる、跡を刻むということです。物質そして精神が消えた後も、この空間の記憶というものが残り、情報のデータベースであるゼロ・ポイント・フィールドにアクセスすれば、先人の記憶と交わることができるのかもしれません。

ラズロ氏はさらに「最も直接的で、強烈に、かつ、明瞭に情報を伝播するのは、互いによく似たものの間においてである」と主張していますが、過去生の記憶を持つ子供たちの多くが前世と同じ国であり、しばしば非常に近くに住んでいた場所に生まれ変わることの説明になるのかもしれません。

私たちが死んでも、ほかの人たちがゼロ・ポイント・フィールドにアクセスすれば、私たちは彼らの中で再び蘇るのかもしれません。

私たちは個人としては不死ではありませんが、私たちの体験は不死である可能性があります。魂が永遠に残るわけではありませんが、私たちが経験したことのすべては存続し、永遠に思い出される可能性があるのです。

さまざまな信仰や宗教で、祈りやヨガ、座禅、瞑想と呼ばれてきた各種の技法が実践されてきましたが、これらはゼロ・ポイント・フィールドにつながる方法だったのかもしれません。

ゼロ・ポイント・フィールド仮説は、科学的に証明された理論ではなく、現時点ではあくまでも仮説に過ぎません。しかし、この仮説は、現代科学の最先端の量子物理学や量子生物学の知見に基づいて考察されたものであり、今後、さまざまな形で科学的検討が進むことが期待されます。

●なぜ「生まれ変わり」の研究が進まないのか

「日本は不思議な国、明治以前には『霊』の存在を当然のこととしてきたのに、今では過去の欧米に追従してこの種の現象を真面目に考えようとしない風潮が特に科学者の間に強くある」

このように指摘するのはカール・ベッカー京都大学特任教授です。

欧米諸国が「生まれ変わり」についての研究が着実に進んでいるのに対し、日本で過去の水準から一歩も進もうとしないのは皮肉というほかはありません。現在の日本が世界に冠たる多死社会となっているのにもかかわらずに、です。

科学とは本来科学的な方法を使った真理の探究を行うべきなのですが、日本では五感で感じられるものを頼りに表面的なレベルから物事を分析している傾向が強いようです。

明治維新の際、技術の導入を急ぐあまり西洋文明の本質の理解がおざなりにされ、その体質が現在でも残っており、近代実証主義の枠から外れたものを研究対象から排除しているように思えてなりません。

西洋思想における形而上学とは「目には見えないけれども確実にあると考えられるもの」という意味ですが、日本では第一線の研究者になればなるほど「人生に役立つことを考えては科学にならないと頑なに考え、このような考え方に一線を画すことにプライドを持っている」との指摘もあります。

日本の科学界は「生まれ変わり」の存在を否定しているというよりむしろ無視していると表現した方が適切だと思われますが、人間の五感で把握できるのはこの世界のごく一部だけです。

ある世界が人間の目で見えないからといって、それが存在しないことにはなりません。例えば自然界に目を向ければ、人間には知りようのない情報を得られる動物は数えきれないぐらい存在します。人間が処理できるのは、この世界に存在する情報のほんの一部に過ぎないのです。

「人は死んだらどうなるのだろうか」

私たちは過去何千年にもわたってこういった問いについて答えを得ようと模索してきました。それぞれの宗教の開祖はなんらかの形で答えを得たのかもしれませんが、何代にもわたって伝承されてくる過程で、本来の姿から大きく逸脱してしまった可能性があります。

現在の世界観は「物質主義」で固められており、このような状況下で「生まれ変わり」の現象を安易に扱えば、あっという間にオカルトの世界に引きずり込まれ、怪しさとうさん臭さが漂う、多くの人々が拒絶するものになってしまいます。私たちは宗教から離れた形での答えを強く求めていますが、私たちを満足させるだけの科学的かつ論理的に整合性のとれた形での答えを提供する手段がなかなか見つかりませんでした。しかし、本書で紹介した科学者たちは、できるだけ多くの症例を集め、科学的な視点から反論を試みてきました。物事が入り組み複雑な現実の世界では「決定的な証拠（プルーフ）」が得られることはめったにありません。「生まれ変わり」について入手できるのは「証拠（エビデンス）」のみですが、すでに膨大な量の証拠が公になっています。

アレグザンダー氏が「こうした文献類は自分で体験する以前からもちろん存在していたのだったが、私はそれらに目を留めることすらしなかった。読むことはおろか、手にとりもしなかった。要するに、なにかが肉体の死を超えて生きながらえるという考え方の信憑性をいっさい受け入れようとしてこなかったのである」と述べていますが、「生まれ変わり」については、「信じる・信じない」のレベルではなく、「知的・理性的」レベルで判断できる時代になったといっても過言ではないのです。

17世紀のニュートンの時代には電場も磁場も発見されていませんでした。当時の科学ではそういうものの存在を証明できなかったのです。

18世紀のフランスの科学アカデミー会員たちは「空に石がないのだから、空から墜ちてくるはずがない」と考え、今や常識となっている隕石の存在が「不条理な妄想に過ぎない」と切り捨てられました。

20世紀初頭の米国ではライト兄弟が「空気よりも重量のある飛行機械を完成させ、飛行に成功した」と何度も訴え続けましたが、「そんなものはデマに決まっている」と門前払いする科学者たちがいました。証拠を精査しようとすらせずに彼らの主張を押しのけていましたが、１９０８年、セオドア・ルーズベルト大統領がこれについての調査を命じると、科学者たちは受け入れざるを得なかったという歴史的事実があります。

「生まれ変わり」の現象についても同様のことが起きているのではないでしょうか。

米国の科学史家トーマス・クーンは、「一般に認められた科学的業績で、一時期の間、専門家に対して問い方や答え方のモデルを与えるもの」をパラダイムと定義し、その役割の重要性を強調しましたが、パラダイムの変換に先立って、既存のパラダイムに合致しない逸脱現象（アノマリー）が頻出することに注目しています。

スティーブンソンらの研究成果はアノマリーに位置付けられてしかるべきです。

科学が提供してきたのは、断片的な世界像でしかありませんし、物理法則自体は人間の存在に明確な目的を与えるものでもありません。科学者は物理的な宇宙が私たちが生きている世界にどのように結びついているのかを説明するのは困難だとして匙を投げている印象がありますが、大切なのは固定観念を持たず現実に起こっているさまざまな現象をつぶさに観察することであり、部分をつなぎあわせて全体像を把握することではないでしょうか。

「生まれ変わり」は「不可視で経験的に観察することができない」と定義されるのであれば、経験的な方法でその存在を実証することは原理的に不可能です。

千葉大学の小林正弥教授は「自然科学的な方法以外の学問を疑似学問とするのは間違いである。人間の精神に関しては自然科学的な方法だけでは十分ではないからこそ人文社会科学において解釈学をはじめ精神科学といわれる学問的方法が存在しているのである。さらに形而上学を含む哲学は別の種類の学問として存在の価値を持っている。魂の実在を科学的に証明することはできなくてもその実在の蓋然性を高めるような傍証はできる」と主張しています。「現在の科学ではいまだに証明できないもの」とすべきでしょう。「生まれ変わり」の存在を即座に否定するのではなく、「生まれ変わり」の信念には、そもそも生まれ変わった後の人生が前世の道徳的行為の影響を受けるとは考えられていませんでした。カルマの概念は後になって当時の指導者層の思惑から付け加えられたようです。

小難しい教義は一切必要ありません。「私は肉体を超えた存在である」という考えが論理立っていればそれで十分ではないでしょうか。

フランスの文豪ヴィクトル・ユーゴーは、「時機がきた思想ほど力のあるものはない」と語りましたが、死生観をなくし、さまよい続ける現在の日本人にとって「生まれ変わり」の信念ほどこれに当てはまるものはないと思えてなりません。

第2章　日本人の死生観を探究する

●「生まれ変わり」の精神史

第2章では「生まれ変わり」の信念についての歴史的変遷をみてみたいと思います。

「1人の人間が死亡した後にその人格の一部が生き残り、その後長短さまざまな休止期間を経て新しい肉体と結合する」

これが一般的な「生まれ変わり」の信念の定義です。「生まれ変わり」の信念は、あらゆる時代を通じて世界のほぼ全域で発生しています。古代エジプト人は故人のために巨大なピラミッドと地下の墓を造り、ミイラづくりの手法を完成させただけでなく、この世を去った「カー（肉体とそっくりな生命体）」と「バー（精神）」が生まれ変わるまでの旅を詳しく記録しました。インドでも少なくとも過去4000年にわたって宗教的、哲学的信念の1つになってきました。人類の精神史の中で「生まれ変わり」の信念が繰り返し生じており、客観的な事実か単なる妄想なのかどうかは別にして、繰り返し出現してくるだけの心理的な必然性があったことだけは間違いありません。

「生まれ変わり」の信念は世界中の民俗文化においてみられますが、前世の記憶を持っていると称する者の逸話がもとになって発生した可能性があります。

子供が前世を語る事例が世界中で一定の割合で発生してきたからです。「生まれ変わり」を想起させる前世の記憶を持つ子供の事例は、東南アジアや南アジアなどの仏教圏が多いのは事実ですが、イヌイット、北米北西部に住む諸部族、アフリカに住む多数の民族、トロブリアント諸島に住む人々、豪州の原住民などでも散見されます。これらの地理的状況を考えれば、こうした信念は人づてに伝承したとは考えにくく、それぞれの地域で自然発生したと考えるべきでしょう。「生まれ変わり」は１つの真実として長く語られてきた出来事なのです。

19世紀に活躍したドイツの哲学者ショーペンハウエルは「もしアジア人にヨーロッパの定義を聞かれる羽目に陥ったら、私としてはこう答えざるをえまい。人間は生まれた時にはじまり、無からつくり出される、という途方もない妄想に完全に支配されている世界の一角である」と述べましたが、西洋思想においても「生まれ変わり」という考え方は決して異端ではありませんでした。

西洋哲学の出発点といわれるギリシャでは、「生まれ変わり」の信念はオルフェウス教（密儀宗教の一種）からはじまったとされ、哲学においても魂や形而上的世界の実在が想定されていたのです。古代ギリシャの数学者として知られるピタゴラスは前世の記憶を持ち、「不滅の霊魂」「霊魂の輪廻転生」「修養による霊魂の浄化」を弟子たちに唱えていました。

「魂の不死を信じて平然と死ぬことができる心の訓練が哲学の使命である」と弟子たちに教えていたソクラテスにとって、自らの死は永遠の生、人間の魂の永続性を象徴するものであったのです。

ピタゴラスの世界観を継承したプラトンも、著書「パイドン」「国家」などの中で「死者の魂は一定期間を過ぎると生まれ変わる」と主張しています。

古代ギリシャ思想においては、死によって霊魂と肉体は分離し、前者は不滅とされていたのですが、例外はソクラテスと問答を行った当時のソフィスト（知恵ある者）たちでした。彼らは現代人のような唯物論的な考え方を有していたのです。

キリスト教が普及する以前のローマ世界の死生観は、多様にして曖昧である点で、現在の日本人の死生観に通ずるものがありました。

スピリチュアリティの語源であるラテン語の「スピリチュス」という言葉は、①霊魂、②生きがいや精神力、③目に見えない生命力（東洋でいう気）を意味します。

キリスト教（新約聖書）には「生まれ変わり」の記述は多くありません。「イエスが信者の兄弟（ナザロ）の墓（洞穴）の前に行って入り口の石を取り除くと生き返ったナザロが墓の中から布で巻かれたままの死装束で出てくる」といった出来事やイエスが「洗礼者ヨハネが数百年前に死んだ預言者エリヤだ」と述べているくだりが残っている程度です。

現在のキリスト教は、世界がいずれ終わり、その終末の際に「最後の審判」が行われるとする「終末思想」を前提にしています。最後の審判がくると、これまで地上に生きたすべての人間が復活し、神によって天国に行くか地獄に行くかが確定しますが、それまでの間、死者がどう過ごすのかははっきりしていません。最後の審判を最初に唱えたのはユダヤ教であり、キリスト教に続きイスラム教も最後の審判を認めています。

しかし、キリスト教文化圏でも「生まれ変わり」の信念は、異端とされるグノーシス（2～3世紀に地中海世界で流行した宗教）やカタリ派（12～13世紀のフランス南西部で活動したキリスト教徒）などで唱えられていたとされています。

驚くべきは、初期の聖書には「生まれ変わり」の記述が多数存在していたという事実です。

現在の聖書がその痕跡をとどめていないのは、キリスト教を支配の道具に利用しようとしたコンスタンチン大帝が325年新約聖書の「生まれ変わり」に関する記述を削除したからです。その後553年にコンスタンチノーブルで開かれた宗教会議で「生まれ変わり」が完全に否定され、「個々人の死はいったん無に帰するとしても歴史の終末の最後の審判において救われるべき者は救われ、以後は永遠に生きる」という教えに取って代えられたのです。旧約聖書にも「生まれ変わり」の信念は登場しません。正当派ユダヤ教は「生まれ変わり」を認めていませんが、多くの宗派はその長い歴史の中で転生を認めてきました。近年人気が高まっているカバラ思想には、魂はそれぞれの生で個々の務めに応じてさまざまな肉体に宿るという「ギルグル・ネシャモット（魂の輪）」という概念があります。

イスラム教の神秘主義思想であるスーフィズムは、生まれ変わりに対して非常に肯定的です。正当派イスラム教による「クルアーン」の解釈は誤りであり、審判と復活について述べているとされる節は、実際には輪廻転生の説明であるとしています。

その後時代が下って16世紀、近代哲学の祖といえるルネ・デカルトは方法的懐疑を経て「我思う、ゆえに我あり」という命題に到達し、神の存在証明を行いました。「この『我』を『我』たらしめる精神は身体から独立したものだから、たとえ身体がなくなっても死滅するものではなく、不滅である」とデカルトは考えましたが、死後の霊魂の不滅性についての論証は精緻ではありませんでした。

18世紀後半に活躍したエマニュエル・カントは、存在が証明できない神や魂を前提とせず、理性によって普遍的な道徳的規範を導き出そうとしました。カントは、霊魂については「あれこれ想いを語ることはできてもそれについて知ることは不可能である」として考察の対象としなかったものの、当時の大科学者にして大霊能者とされていたスウェデンボルグについて調べ、霊魂の存在に関する著作『視霊者の夢』を1766年に出版していました。「霊魂の存在の可能性は高い」と考えていたカントは、『実践理性批判』においては「魂の不滅が前提でなければ、無限の進歩はできない、死後の有無は証明できないが要請される」と主張していたのです。

分水嶺となったのは産業革命です。

欧米ではド・ラ・メトリーが主張した『人間機械論』（1747年）のように、無神論的・唯物論的哲学が影響を増していったからです。

さらに近代自然科学が隆盛を極めるようになると、仮説と実験結果との一対一対応によって経験的実証ができることだけを客観的な自然科学の対象とし、それ以外の対象を論じるのは疑似科学とされていきました。このような自然科学主義の下では「霊魂や魂を論じることは科学的な議論ではない」とされ、「霊魂や神の存在は科学的に実証できないからそれらを信じることは迷信である」と考える人が多くなったのです。

人間の思考や感情といった精神的な働きについては、現在心理学などで科学的な研究が行われていますが、その主観的な精神作用を超えた目に見えないものの存在の有無についての議論を行うことはタブーになっています。

●それでも世界は「生まれ変わり」を信じている

しかし欧米の政治家や学者の間で「生まれ変わり」は根強い人気を保っていたようです。

第一次世界大戦時に英国を率いたロイド・ジョージ首相は「天使たちの歌声が絶え間なく響く、伝統的な天国のイメージにいらいらした若い頃の私は10年間無神論者で通した。私の考えでは『生まれ変わり』はある」と語っています。

Ｔ型フォードの生産で自動車産業に革命を起こした米国の実業家であるヘンリーフォードも「生まれ変わり」を強く信じ、前世ではゲティスバーグの戦いで命を落とした兵士だったと考えていました。フォードは次のように語っています。

「私が生まれ変わりを信じるようになったのは26歳の時でした。１つの人生で積み重ねた経験を次の人生に生かせないとしたら、仕事はむなしいものです。『生まれ変わり』があると気づくと、万物の設計図がみえたような気がしました。時間は限りあるものではなくなりました。才能は経験による知識です。特別に授かった能力のように思えることがありますが、そうではなく、それまでのたくさんの人生で積み重ねてきた長い経験の結果です。ほかの人より古い魂の人もいて、そうした人はたくさんのことを知っています。生まれ変わりに気づいた私は心が楽になりました。人生を長い目でみることによって得られる穏やかな気持ちをほかの人にも伝えたいのです」

キリスト教に依存しない死生観を打ち立てようとした実存主義者のジャン＝ポール・サルトルは「死は虚無である」と主張していましたが、死の数年前に自身の存在の根拠を神に求めています。本来の自己に目覚めようとしても、その自己の不滅性が信じられなければ、人生は虚無になってしまうと考えたからではないでしょうか。

聖書に基づく最近のスピリチュアリズムの活動で代表的なのはサイエントロジーです。１９５２年にＳＦ作家のロン・ハバートが創設したもので、前世を信じることに意味を見出しています。サイエントロジーは多くの著名人を信者にしてきました。米国をはじめ数か国では非課税扱いの宗教法人として承認されていますが、英国、フランス、ドイツでは認められていません。

ドイツ、英国、米国、豪州の4か国で発足した世界最大規模の社会調査機関である「国際社会調査プログラム（ＩＳＳＰ）」は１９８４年から世界規模の調査を実施していますが、２００８年に「あなたは輪廻転生を信じますか」という新たな質問を追加しました。質問を追加した背景には、１９６０年代以降欧米などのキリスト教圏においても「生まれ変わり」という信念が流布するようになってきたことがあります。米国精神医学会が１９９４年にこれまで「病理現象」とみなしていた宗教的体験やスピリチュアルな関心をはじめて「文化的事項」とみなすようになったことも影響しているとされています。「生まれ変わり」をはじめとするスピリチュアルな観念が、レジリエンス（人生の困難を乗り越える力）を高める力を秘めていることが証明されたからです。ＩＳＳＰには世界中から40を超える国や地域が加わり、日本も１９９２年から参加しました（ＮＨＫ放送文化研究所が調査を担当）。

２００６年から２００８年にかけてギャラップ社が１４３か国を対象として行った宗教に関する国際調査では、日本は世界で8番目に宗教を重視しない国となっていますが、「生まれ変わり」を信じている日本人はなんと43％に達したのです。内訳をみてみると、高齢者よりも若年層、男性よりも女性の方が信じている比率は高くなっています。

●死生観を忘れた日本人

ユング派心理学の大家である河合隼雄は、かつて日本人の死生観について次のように語っています。

「もともと日本人は死ぬことばかりを考えてきた。『武士道と云ふは死ぬ事と見つけたり』という言葉があった。戦争中は、死ぬことばかり考える悪い時代の典型だった。戦後はその反動で、生きる方へ振れた。日本人はますます伝統を忘れ、死を考えない珍しい時代が続いた」

幕末に来日した外国人たちは一様に「日本の庶民は従容として死を受けとめる」と驚いていましたが、死をことさらに嘆き悲しむことがなかったのかもしれません。

ちなみに「死生観」という言葉をはじめて使ったのは加藤咄堂《とつどう》という仏教学者です。加藤は1904年に『死生観』と題する書籍を出版しましたが、日清戦争や日露戦争など対外戦争が恒常化してきたことや新しい時代にふさわしい国民道徳を創出・実践しようとする修養主義の隆盛がその背景にありました。西洋文明との接触で未知なる生き様や死に様と出会った日本人が近代的自我の要請から死生観を必要としたのです。この死生観が過剰に溢れたのが日中戦争とこれに続く第二次世界大戦中であることはいうまでもありません。若者たちに死地に赴くのを覚悟させる上で死生観は悪用されました。個人の内発的な決断にかかわるはずの死生観が外部から強要されるものとなってしまったのです。大戦中日本の指導者は極端な精神主義を国民に強いましたが、その結果は惨敗であり、多くの国民は精神主義の限界を思い知らされました。

GHQの主導する戦後改革の中で軍国主義の復活につながるものは徹底的に排除されましたが、日本人自身も価値観の押し付けにはこりごりだったでしょう。

300万人を超える死者を出した末に全面的な敗北を喫した日本では、国土の荒廃とともに心の傷が残され、その後遺症は日本人の死生観にも及んだのです。戦後の日本では「お上」が押し付けた死生観から解放されましたが、戦後の混乱の中で自由な立場で人の「生」と「死」について考えることはありませんでした。むしろ「死」について考えることや死生観について論じること自体を回避する傾向が顕著であったといっても過言ではありません。

敗戦後の混乱と停滞は1950年に起きた朝鮮戦争をきっかけに一変し、1950年代後半から高度経済成長期に突入します。その後の日本は経済至上主義が蔓延するとともに、マルクス主義のような唯物論が我が物顔で闊歩するようになり、死生観に関する一種の空白状態が生じてしまったのです。

このような時代の流れに最も影響を受けたのは、高度経済成長期の中で育ちこれを支えた団塊世代です。次のような述懐があります。

「団塊の世代と呼ばれる世代前後の人々になると、戦争直後の物質的な欠乏の時代の感覚をベースに持ちつつ、まさに経済成長をゴールに、かつ圧倒的な『欧米志向（日本的なもの、伝統的なものに対する否定的な感覚）』のもとで突っ走るという時代に育ってきた分、死とは要するに『無』であり、死についてそれ以上あれこれ考えても意味のないことで、ともかく生の充実を図ることこそがすべてなのだ」

こうした死生観が広まるとともに、核家族が進行し病院死が一般的になった日本では、死の実感の喪失に対する強迫的な不安に駆り立てられるようになりました。その典型がメディアの「死体隠し」です。

関東大震災の時は死体を記録に残して公表することは当たり前のように行われてきましたが、阪神淡路大震災や東日本大震災の際、遺体の映像は一切ありませんでした。メディアの「死体隠し」という自主規制は、「残酷なものをみせまい」とするタブー意識のあらわれであり、共同体が死についての説得力ある物語を提供できなくなったことが関係しているのだと思います。

心理学では、強い喪失体験の後に気分が沈むのではなく、逆に高揚し過剰なほど活動的になる現象が知られています。「躁的防衛」と呼ばれるもので喪失体験に打ちのめされまいとする心の代償作用ですが、しばしば行き過ぎて現実の認識を誤らせ、適応に失敗します。戦後直後からの日本人の心のありようは集団レベルでの躁的防衛だったと思います。

人間の活動というものは、そもそも「死」の宿命を避け、なんらかの方法で「死」が人間にとって最後の運命であることを否定して、「死」を克服するために企図したものだのではないでしょうか。そうだとすれば、「死」を隠蔽したことが戦後日本の経済成長の真の源だったのかもしれません。

20世紀は世界的にみても「死」はタブーでした。モダニズム（近代主義）は「死」から目をそらすことによって成り立っており、それに触れないことで物質的な豊かさをひたすら追求してきました。「命はひたすら長い方がよい」とする価値観に支配された社会にとって、「死」は無作法なもの、そして恥とされるようになってしまったのです。

●死生観の復活？

1970年代に入り高度経済成長に陰りがみえはじめると、生活の質や人生の意味にようやく関心が向けられるようになりました。高齢化社会（高齢化率が7％を超えた社会）の到来により「老・病・死」にどう向き合うかも国民的な課題として急速に浮上してきたのです。

「死」のタブー化という傾向についても見直されるようになり、「死に逝く者とその周囲の者は、死をタブー視することなく、感情をありのままに吐露しあい、他者との関係の中で生きる意味を見出す過程を取り戻す必要がある」との問題意識から「死生学」という学問が日本でも徐々に注目されるようになりました。「死」についての探究は、哲学や宗教学のみならず、生物学、医学、法学、工学などのさまざまな分野で独自に行われてきましたが、死生学はこれらの範疇にこだわることなくあるがままの現実の「死」を考察するものです。

「死」はかつて私たちの日常の中に感覚的な実質として宿っていましたが、戦後、乳幼児死亡率が下がり、飢餓の恐れも後退すると、感覚的な生々しい「死」のイメージが次第に遠ざかっていきました。技術の進歩に伴い、死の瞬間や死に逝く過程を神や自然に任せるのではなく、医療が決定する事態になり、病院はもはや治療のためのものではなく、まさしく死ぬために行くところとなりました。「死の医療化」によって人は非日常の空間である病院で死ぬことが当たり前になったことから、地縁・親族関係の中で「死」に濃密に反応する必要がなくなっていったのです。

その後、スピリチュアリティの勃興などを背景に死生観への関心も徐々に高まりつつありましたが、2011年3月11日に起きた東日本大震災は決定的な出来事でした。日本は常に天災の危険に晒《さら》されており、人の「生」が「死」と隣り合わせであることを改めて想起させたからです。

敗戦という巨大な喪失体験に対する否認と躁的防衛が高度経済成長であったとすれば、経済成長の終焉とともに否認と躁的防衛は終息に向かい、東日本大震災はこれに終止符を打ったのです。

英語の「depression」という単語は精神病理的な「抑鬱」の意味とともに、経済的な「不況」の意味をあわせ持っています。平成の時代はバブル崩壊後の長引く経済不況により精神的にも躁から鬱に転じたことに特徴があります。戦後生まれの団塊世代は高齢化し、終末を意識する時期を迎えており、人生の最期に向き合いつつあります。多くの日本人は独り暮らしをしながら、「死」というものを少しずつ身近なものに感じはじめているのです。若い時に「死んだら灰になる」とうそぶいていたものの、老年期を迎えると死んでそれっきりと思うのはあまりにも辛くて納得できないことから、なんとか自分なりの死生観を持つことで「死」の恐怖や「死」によってもたらされる断絶感に対処しようとしている人も少なくないと思います。令和の時代に入り日本の社会はようやく生死の問題についてじっくりと考える機運が整ったといえるのではないでしょうか。

●6つの死生観

戦後長らく死生観が空白だったことから、日本では社会全体でコンセンサスがとれた死生観は存在しません。死生観を改めて定義すれば、「死を受容する心構えや考え方に加えて、死後世界の安心にかかわる見方」といえるでしょうが、人生の中で年齢や境遇の変化とともに「死」に対する切実感が異なってくることから死生観が変わったり、無意識のうちに矛盾するものを同時に信じていることも珍しくありません。現在の日本には6つの死生観が混在しているといわれています。

①すぐそばから見守っている（民俗学）

「山の上から子孫を見守っている」という考え方です。亡くなった先祖は精霊となり、夏のお盆に会いにくるというものです。仏教が日本に伝わるよりも前から「魂祭り」という習俗が行われていたそうです。これが盆の起源です。一周忌や三周忌は儒教の影響ではじまりました。死者たちの魂は毎年必ず子孫のもとを訪れ、やがて、32年経つと今度は祖霊として訪れるようになると信じられていました。

②輪廻転生と極楽往生（仏教）

日本人の地獄のイメージは、10世紀に源信という僧侶が書いた『往生要集』という書物が元になっています。この書物の最初の3分の1は地獄の様子が詳しく描写されています。残りの3分の2は往生するための方法、すなわち、阿弥陀仏に迎えにきてもらう方法を説明しています。阿弥陀仏にすがれば、臨終の時に阿弥陀仏が迎えにきて、極楽浄土に連れて行ってくれます。往生とは極楽浄土に行くことです。浄土に往生するとは、別の世界で永遠に生き続けることを意味します。

③子孫の命の中に生き続ける（儒教）

儒教では4代前までを常に祀っていました。儒教の「孝」は親だけではなく、祖父母をはじめ先祖全体に対する義務です。子どもをつくって先祖の祭りを続けることが「孝」です。中国人の人生観の基本は「父と子とは現象的には2つの個体だが、両者の中に存在する生命そのものは同一である」というものです。もし一族が続けば、個体としては死ぬとしても子孫の生命との連続において生き続けることができることになります。

④一度きりの人生（キリスト教）

キリスト教の死生観の特徴は「一度切り」という点です。人間の個別性が永遠に維持される点が特徴です。死んだ直後に審判があって、天国か地獄に行き、さらに、宇宙の最後に審判があるという考え方です。死んだ人は天国から子孫たちを見守ることはできません。死者が生きている者に対して意思表示をすることはありえないと考えます。神に祈ることを通して、天国にいる死者と間接的にコミュニケーションをとることは可能です。

⑤完全に消滅する

自然科学は魂の存在を否定するというよりも無視しています。自然科学は「魂」を研究対象にしていません。心理学などでも「心は非物質的な魂だ」とは考えません。

⑥自然の中に還る

２００６年にヒットした「千の風になって」は、死んだ人が生き残った人に話しかけるという想定です。話しかける内容は「私はお墓の中で眠ってはいない。私は千の風になって大空を吹きわたっている。秋には光になって畑にふりそそぎ、冬はきらめく雪になる。朝は鳥になってあなたを目覚めさせ、夜は星になってあなたを見守る」というものです。死んだ後どこか1つの場所にいるのではなく、自然界全体に広がって存在している、そんなイメージです。この歌がヒットしたのは、聴いているたくさんの人たちの気持ちにアピールするものがあったからでしょう。「死ぬと自然の中に広がって溶け込む」という死生観は昔からありました。特定の起源をあげるのは困難ですが、現代の自然科学の考えとも矛盾していません。自然界では常に生命が循環しています。人間の場合も同じではないでしょうか。古い葉が散った後に新しい葉が芽生えるように、人間も生まれては死に、死んでは生まれる。「死ぬともともといた所へ戻る」というイメージが含まれています。しかし「生まれ変わり」とは違います。ひとりひとりの人間の個別性は無視されており、「自然の中の一要素」となることが特徴です。

２００８年5月30日の読売新聞の世論調査によれば、「先祖を敬う気持ちを持っている」人は94%、「盆やお彼岸などにお墓参りをする」という人は78%でした。①②③の死生観が反映している結果です。私たちは1つの死生観に固執しているわけではありません。一番下の層に民俗学的なお盆の習慣などがあって、その次に約１５００年前に伝わった仏教や儒教の死生観が重なり、さらにその上に約１５０年前に伝わったキリスト教の死生観が混ざっているといった感じでしょうか。

しかし最近は⑤や⑥が有力になっているようです。

検事総長を務めた伊藤栄樹（１９２５〜１９８８）は年齢的には戦中派に属しますが、『人は死ねばゴミになる』（１９８８年、新潮社）という著書を出版して、あまりにそっけない唯物論的死生観が話題になりました。唯物論的死生観は、戦中派・戦後派を含め、学校で科学教育を受けた多くの日本人には受け入れやすい死生観であったに違いありません。自然科学のステータスが高いことから、哲学者の間でも自然科学的な世界観（物質一元論）を当然の前提として考える人が多くなっているように思います。

●日本人の死生観は「生まれ変わり」

現在の日本では公の場で死生観が語られることはほとんどありませんが、逆に今日ほど「死」が切迫してきている時代はありません。にもかかわらず「死」や死後を意味付ける「物語」は確かな形で存在しないことから、個人がひとりで「死」と向き合わざるを得ない状況となっています。「死」はもちろんのこと、「死」について考えてもなんの解答も得られないことが、恐怖を募らせる要因になっています。

『死生観を問いなおす』の著者広井良典氏は「日本人の伝統的な死生観には、死んだ人の魂がなんらかのかたちで存在し続けるという輪廻転生的な発想があり、しかも輪廻転生それ自体が否定的には捉えられているわけではない」と指摘します。

『死と生』の著者佐伯啓思氏も「『輪廻転生』などの観念がわれわれの深層心理の内にいまだ保持されている」と同様の見解です。日本にはかつてさまざまな死生観があったことはすでに紹介しましたが、そのせいか私たちがぼんやりと思い浮かべる「死」のイメージは極めてあいまいです。統一のとれた死生観をなしていませんが、そのベースには「生まれ変わり」という信念がありました。仏教の中で人気を博したのは浄土系ですが、その秘密は「生まれ変わり（往相回向・還相回向）」の教義にあったとされています。

死んでいく者の苦しみをいくら慰めようとしても、「死が消滅である」という恐怖を取り去ることはできません。「死が消滅ではなく次の世界への橋だとしたならば……」それを願わぬ人はいなかったでしょう。

日本では山岳信仰が盛んでしたが、山岳信仰にも一種の「生まれ変わり」の信念がありました。「神聖なる山岳に存在する霊魂が神の導きによって女性の胎内に宿ってこの世に生まれ、神に守られて成長し死後再び聖なる山に帰る」と考えられていたのです。山伏は山では死者になるとされ、修行の前には実際に自分の葬式をあげてから白装束を着て山に入ることになります。修行のはじめには梵天と呼ばれる3メートルほどある木の棒をお堂に突っ込む、性交をあらわす儀式が行われます。ここで死者となった山伏が母胎を意味する山の中に新たな生命として宿るのです。山に入り山伏たちは子宮を意味するお堂に籠もりますが、修行が進行していくとお堂の中の飾りで表した胎児の姿がだんだん成長していきます。天上から吊された紐に胎児の骨をあらわす古銭が付けられ、そこに肉が付き、10日間の修行を終え山から下りる時には「参道＝産道」を赤ん坊となった山伏たちは産声を上げながら駆け下りていき、新たな生命として生まれなおすと考えられました。これを「生まれ清まり」といいます。

民俗学の祖である柳田國男も「日本人の信仰の一番主な点は『生まれ変わり』もある」と考えていました。柳田は、長男には祖父の、長女には祖母の名前を付ける慣習を例に、「祖父母が孫に生まれ変わると考えられていたのではないか」と推測しています。また、自身が生まれた村（兵庫県神東郡田原村）では、初の誕生日の儀式として、幼児に「おまえはどこからきたのか」と尋ねる行事があり、幼児が「あっち」とか「こっち」と答えたり、墓所や氏神の森の方角を指したりすると、大人たちは顔を見合わせたそうです。

このように、戦前の日本では「同じ家族のもとに生まれ変わってくる」という考えは、かなり広く受け入れられていたようです。

日本人が有していた「生まれ変わり」の信念は、第二次大戦中に「大和魂（七生報国）」という形で歪曲されたことから、公に語られなくなってしまいました。

敗戦直後の1946年、文部省（現・文部科学省）の科学教育局科学資料課が音頭をとって、日本に根強く残った「迷信」を根絶しようとする運動が行われました。「文化国家を標榜しつつある日本に、どんな迷信が、どの程度に、どのようなあり方で行われているか」という調査が行われ、「日本の俗信1迷信の実態」という形で1949年にまとめられました。この報告書の大意は「伝統を重んじる気風は迷信的傾向となり、国民生活の科学化は大きな障壁の前に立っている」というものです。日本人が守ってきた因習すべてを非科学的と否定していますが、日本の習俗は野蛮だったのでしょうか。

しかし「生まれ変わり」の信念が根絶やしになったわけではありません。

児童文学作家の松谷みよ子氏は民間伝承の中にある「生まれ変わり」の話を約260例集め、現代民話考『あの世へ行った話』を1986年に出版しています。

日本では古くから顔立ちや仕草・性格などが似ていることや身体の同じ場所にホクロや母斑があることが「ある人の生まれ変わり」の根拠になると考えられてきました。「故人の遺体の手のひらや足の裏に名前やお経を墨で書き、その後よく似た母斑を持った赤ん坊が近縁で生まれてきた」という逸話が戦後の日本でも数多く残っています。

小説の世界では、戦前太宰治は『人間失格』の中で、恐ろしく孤独な現実の生の前に打ちのめされた主人公が、どこまでも自分を優しく包み込み、安心して身を委ねることのできる魂にとっての「うち」、すなわち、母親の胎内にある胞衣《えな》のような生命の故郷を追い求める姿を描きました。

遠藤周作の小説『深い河』（1993年）も有名ですが、佐藤正午の『月の満ち欠け』が2017年に直木賞を受賞しています。漫画の分野では手塚治虫の『火の鳥』が、日本人ならではの独特の死生観を実に軽妙にわかりやすく描いています。映画の世界では2012年4月に公開された『トテチータ・チキチータ』が「生まれ変わり」をテーマにしています。「なんのつながりもなかったはずの孤独な登場人物たちが、実は生まれ変わる前に家族（父・母・兄・妹）だったことがわかります。前世的な関係性が、彼らを温かく包み込み次第に結び合っていきます。最後は離れ離れになるのですが、この出来事によって新たな力がそれぞれに与えられていく」というストーリーです。

このように古代の神話から現代のエンターテインメントに至るまで「生まれ変わり」は人類が紡ぐ物語の鉄板ネタです。科学的根拠はなくても、日本人は暮らしの中で「生まれ変わり」を信じていたことは、さまざまな形で伝えられています。

21世紀になっても日本では、顔形や身体の特徴はさることながら、仕草や性格が似ていると「ある人の生まれ変わりではないか」と密かに思っている人がいると思います。

顔形や身体の肉体的な特徴は遺伝子によって受け継がれていると理解しているものの、遺伝だけでは説明し尽くせないなにかがあると、どこかで感じているのかもしれません。

死生学に詳しい伊藤由希子氏が「一度は離れた母胎にもどり、ふたたび母に抱かれながら、安心してたゆたう」と述べているように、そのようなイメージを古代から現代に至るまで多くの日本人が抱いていました。このように日本人はかつて「死んでも終わらない物語」を信じていました。

現在の私たちも死後の世界などについて問われたら「間違いなくある」とは答えられませんが、杓子定規な唯物論的死生観を固執する人以外は完全に否定することはないと思います。「『生まれ変わり』はもしかしたらあるのかもしれないな」と漠然とした思いを持っている日本人は意外と多いのではないでしょうか。

●神道の死生観

民俗学が明らかにしている神道の死生観についても触れておきましょう。

柳田は、終戦直後に『先祖の話』を出版し、その中で日本人の霊魂観には4つの特質があると主張しています。

①人間は死んでも、その霊はこの国の中に留まって、遠くには行かない。
②この世とあの世の交通が繁く、たんに春秋の定期の祭りだけでなく、いつでも招き招かれる関係がみられた。
③死に臨む人間のいまわのきわの念願は必ず死後には達成されると信じられていた。
④人は再び三たび生まれ変わって、同じ事業を続けるものと信じられていた。

このことからわかるのは、日本人が海外からもたらされた「六道輪廻」をあまり信じていなかったことです。柳田は「生まれ変わり」について「この世とあの世の世界が互いに近く親しかったことを説くために、魂がこの世へ復帰するという信仰（生まれ変わり）があった」と述べるとともに、「生まれ変わりの特色は、魂を若くするという思想があったことである。長老の老いくたびれた魂も、できるだけ長く休んで再びまた、溌剌たる肉体に宿ろうと念じたのだ」と述べています。

古事記の中では「死ぬ」という表現が見当たらないことがわかっています。

神道の中心概念であるムスビは「産霊」という字をあてます。ムス（産）は、「つくる・うむ・そだてる」の意味であり、ヒ（霊）はスピリットや霊力のことです。ムスビとは「新たな力を生むものをつくる」という意味なのです。神の最も主要な役割は、生命あるものを生み出すこと（産霊）にあると古代の日本人は考えていました。社殿の前にある鈴のひもは、母親と胎児を結んでいるへその緒です。清らかで若々しい生命力を重んじる神道では、生命力が枯渇する穢れは、死につながるものとして忌み嫌われました。生成のはたらきにかなうものがすべて善であり、生命の繁栄を阻害するものが悪であると考えていました。道徳的善悪ではなかったのです。

神道の死生観は日本に生まれた人々は、神の世界からきて、神の世界へ帰っていくというものでした。神葬祭（神道の葬式）は「亡くなった親族は、神々の世界に戻りそれまでよりもはるかに幸福な境遇になっているから、祝福をこめて見送る」という考えに基づいています。

日本では死者が神社に祀られることで八百万の神々に生まれ変わると考えられてきたことから、神道において「死」は恐怖の対象ではありませんでした。神になれる要件は、今を精一杯に生きることです。

このようにみてみると、神道の考え方は第1章で述べた中国の生まれ変わりの村の人たちの発想と同じだと思えます。

●57 常若《とこわか》の思想

筆者は、建築の分野で「生まれ変わり」の信念を化体しているのは伊勢神宮ではないかと考えています。20年に一度の式年遷宮が行われているのは日本人の誰もが知っていることですが、開始されたのは持統天皇の4年（690年）です。神宮の古伝によれば、天武天皇の御宿願（御発案）により、第1回の式年遷宮が内宮で行われました。それ以来1300年以上の長きにわたり繰り返し行われ、2013年で62回目となります。伊勢神宮は1つのお宮ではありません。

皇室の祖先神である天照大神を祀る皇大神宮（内宮）と食物と産業の守り神である豊受大神を祀る豊受大神宮（外宮）をはじめとして、別宮、摂社、末社、所管社などを含めた125社の集合体です。森を含めた宮城の面積は5500ヘクタール、これは東京都世田谷区とほぼ同じ面積です。東京ドームにたとえると約1200個分です。

「式年」とは定められた年限のことであり、「遷宮」とは隣接する2つの御敷地に宮を建て換えて神をお遷しすることをいいます。東から西へ、西から東へ、寸分変わらないものを建て換え、神々をお遷しすることによって、過去が現代につながり、さらに未来につながっていきます。

新造されるのは、宮や社だけではありません。神に捧げる御宝物など（714種、1576点）も当代の名匠の手によって新調されます。檜と掘立柱と茅葺屋根を持つ神宮は20年に一度、社殿を建て換え神々にお遷りいただくという式年遷宮によって、「古くて新しい」という奇跡をみせているのです。

古代ギリシャ人は、パルテノン神殿を永遠に存続させたいと願い大理石で建造しましたが、その夢は叶いませんでした。堅牢な石の造形に代表される世界の精神文化が風化する中にあって、いずれは腐ってしまう材料でつくられた伊勢神宮は式年遷宮によって古い形を保ちながら常に若々しい姿をみせています。

神代からの祭も続けられる伊勢神宮を前にして、米国の建築家アントニオ・レイモンドはかつて「世界で一番古くて新しいものが存在する永遠の聖地である」と驚嘆しました。木と草で常に若々しく造り換えられる神殿を持つ聖地が、祭を繰り返すことによって、存続し続けた根底には、常に若々しく清らかな世界を願いながら行動するという規範があります。河合真如《かわいしんにょ》氏は「常若の思想」と称しています。

ではなぜ20年に一度式年遷宮が行われるのでしょうか。「建物の素材である檜や萱の耐久限度が20年である」「宮大工などの伝統技術を継承するために最適な区切りである」「旧暦で20年に一度、11月1日と冬至が重なることから、原点回帰が込められている」など諸説があります。梅原猛（哲学者）や岡野弘彦（歌人）などは「式年遷宮は神の死と復活をイメージしている」と異端の説を唱えていました。

いずれにしても、日本人は新しいものをつくり続けることで永遠を生み出すシステムを手に入れました。「はかないものこそが永遠に続いていくものだ」という逆転の発想により、移ろいやすい今を一所懸命に生き続ける行為に意味を見出してきたのです。

●縄文人の思考構造

伊勢神宮は、縄文時代の文化と無縁ではありません。7世紀後半に整備された伊勢神宮の神殿は唯一神明造と呼ばれていますが、素木造りで棟持柱を立てたものです。この建築様式は縄文時代の北陸地方ですでに採用されていたことがわかっています。

縄文時代の遺跡の住居跡を調べると、入り口に甕《かめ》が埋められていることがあります。この甕は逆さにされ、底には小さな穴が開けられており、乳幼児や死産児の遺体が納められていました。死産児の遺骨を玄関の床下や女性用トイレの脇などに埋める風習がごく最近まで日本にありましたが、「死んだ子供が少しでも早く生まれ変わってくることを願って、遺骸を女性が頻繁にまたぐところに埋めた」とされています。

遺体を埋める前に墓の中に魔除けと「生まれ変わり」を促すとされるベンガラ（酸化鉄）という赤い粉をまいていた事例もあります。

縄文時代の人々は、死者を日常から切り離すことはせず、自分たちの生活空間の中に取り込んでおり、あの世に送られた人やものは、再生の儀式や儀礼、お祀りによって、やがてこの世に回帰してくるという死生観が主流でした。

弥生時代になると墓が生活空間から切り離され、住居内への埋蔵もほぼ皆無となり、自身の歴史的立ち位置を直線的に捉える「系譜的死生観」が強くなりました。そして近代国家が誕生していく過程で国民を統制する観点から「系譜的死生観」一色となりましたが、縄文人の死生観は底流で生き続けてきました。

縄文人は「月」には不老不死の力があると考えていたようです。日本には古くから「月の神が若返りの水をもたらす」という信仰があります。満ちては欠け、欠けてはまた満ちるその姿が、人間に「生」

と「死」の繰り返し、ひいては終わることのない生命力を思わせたのでしょう。

縄文時代については考古学が中心となって考察が進められていますが、縄文人の思考構造に迫る分析は少ないと思います。

そのような中、大島直行氏は、縄文人の思考の内容に立ち入った分析を試みています。「なぜ縄文土器には縄目模様などが描かれるのか」「なぜ死者は墓穴に埋められるのか」といった基本的な問いに対して、真正面から向き合おうとしています。かつて出土したものを年代順に並べるだけだった考古学は今、神経心理学などの認知科学の力を借りながら、先史の心に迫ろうという段階にようやく到達したようです。

哲学、宗教学、文化人類学、民俗学などに脳科学や神経心理学などの認知科学を援用することにより、大島氏は縄文人の世界観の基盤をなしているのは、シンボリズム（象徴体系）とそれを具体的に表現するレトリック（修辞法）という2つの生得的な認知能力であることを突き止めました。

近年の脳科学の成果によれば、私たちの脳の機能は遺伝的にプログラミングされていて、その中にシンボルやレトリックを操る能力があるからです。ホモ・サピエンスに進化した時点から脳の構造は変わっていませんから、私たちと縄文人の脳の仕組みは同じですが、環境が激変することによりその思考法が大きく変わっています。

なぜ縄文人はシンボルやレトリックを駆使したのでしょうか。シンボルやレトリックを考える上で重要な学問的知見があります。それは「心の理論」と「適応的錯覚」です。

まず「心の理論」ですが、心理学者のディヴィッド・プレマックは、私たちが意識せずに相手の気持ちや行動を直感的に推測する脳の機能を「心の理論」と名付け、対人関係をよりよく保つために必要な人間の独特な心性があることを指摘しました。

次に「適応的錯覚」ですが、「心の理論」をヒントにしてジェシー・ベリング氏が名付けたものです。遺伝的にプログラミングされた「錯覚」のことですが、生きるために必要な能力です。宗教活動にみられるような一見不可解に思える行動の多くもこれで説明できるとされています。

私たちには自然の出来事をみる時にその出来事以上のものをみてしまう傾向があります。ことあるごとに私たちは、自然の造形の中に刻み込まれた微妙なメッセージ、微妙なサインや手がかりがあるように思い、神や超自然的行為者がそれらを介して私たちに教えや考えを伝えているように思いがちですが、これらは「心の理論」や「適応的錯覚」がなせる技です。

「心の理論」や「適応的錯覚」といった人間の心性の存在に気づき、深層心理として研究を深めたのは、心理学者のカール・ユングです。ユングは「普遍的無意識（人類であれば誰もが持つ、脳にプログラミングされた普遍的な心性）」を提唱しました。

その「普遍的無意識」を構成しているのが、ユングの理論の中で最も重要といわれている「元型」です。ユングとその高弟であったエーリッヒ・ノイマンは「老賢人」「仮面」「道化」「アニマとアニムス」「影」などのさまざまな元型を明らかにしました。

大島氏によれば、縄文人の世界観を考える上で注目すべきは「グレート・マザー（太母）」と呼ばれる元型です。グレート・マザー元型とは、いずれ死に至る人間の、不死やよみがえりを望む無意識の心性です。「死」を認めようとしない心性があるのです。人間は誰でも心の中にグレート・マザー元型を持っており、この人間の脳に組み込まれた普遍的な心性が、無意識に作動します。

例えば、子どもが押し入れや段ボール箱といった狭い場所に入ったり、可愛がっていたペットが死ぬと、誰からも教わらないのに穴を掘って埋めたりするのが、このグレート・マザー元型のなせる業なのです。

次に人間は、元型から湧き起こるイメージをシンボルに変える能力を持っています。心の中に生まれた観念としてのシンボルは、そのままでは心の中にしまい込まれているだけです。シンボリズム（象徴体系）が成立し、次にそれを現実の生活の中に具体的に表現しようとすれば、造形手法が必要になってきますが、その方法がレトリックです。

大島氏は「縄文人が使ったレトリックは、ハイパーボリー（誇張法）とメタファー（隠喩法）である」と指摘します。

ハイパーボリーは、表現したいことを印象付けるために使う手法です。伝えたいことを誇張して表現しますから、時としてユーモラスにみえる場合も少なくありません。

「ハイパーボリーというレトリックが最も使われたのは土偶だ」と大島氏は指摘します。生きるための月の水を集めるために顔や頭を皿状にする、再生のシンボルとして乳房や尻を大きくする、子どもと母体のつながりを強調するため臍をことさら大きくするといった造形は、死なないで生きるということを誇張して表現されたものなのです。土偶がなぜあのように奇妙奇天烈に表現されるのかがこれで理解できます。

もう1つのレトリックであるメタファーは、なにかをなにかになぞらえて表現することです。

土偶の造形でいうと、不死のシンボルである月の運行を渦巻などで表し、月の光を土偶が腕を大きく広げた姿で表しています。同様に、不死のシンボルである蛇の模様を三角形や菱形などで表現したり、蛇の不死の力を長い髪や櫛になぞらえています。蛇自体は石棒や石剣、石刀でも表されています。

縄文人は、ハイバーボリーやメタファーといった手法で、再生または不死のイメージをさまざまなシンボルとして土偶などに表現していたのです。

私たちにとってなじみが深い写実絵画（リアリズム）は、遠近法や数学を学び、美術学校に通って厳しいトレーニングを受ける必要がありますが、科学（特に幾何学）や哲学（特に美学）などが発展した紀元前7世紀頃のギリシャで生まれたそうです。

科学や哲学などがなかった縄文人の造形にこめられたメッセージについて詳しくみてみましょう。

●縄文人の象徴体系

縄文人の象徴体系について大島氏は「月―子宮―水―蛇という個々のシンボルが、不死や再生の文脈の中に組み込まれたものである」と主張します。縄文人が、「生まれ変わり」を可能とする事象として見つけ出したものが月だったようです。新月と満月を一定の周期で繰り返す様をみて、「月は死なないもの」「死からよみがえるもの」、すなわち、不死や再生（誕生・新生）のシンボルと考えるのは至極当然のことだったと思います。

Moonという「月」を示す英語の語源はラテン語のmense（女性の生理）に由来しますが、日本では現在でも月信仰はさかんです。お月見、なまはげなど小正月の満月の晩になされる行事が目白押しです。

さらに縄文人は、月と同じように「死なないもの」のを次々と見つけ出して、不死（再生）のシンボルを体系付けていきました。まず最初に見つけ出したのは月と同じ29・5日の周期を持つ子宮です。

子宮に満たされた羊水にも注目が集まりました。子宮のシンボリズムの代表は、秋田県を中心にみられる小正月の行事「かまくら」です。本来は子どもが中に入り遊ぶ習俗だったそうですが、真っ白な雪でつくるこんもりと丸いかまくらは母親の子宮です。中に水神様を祀るのは子宮を羊水で満たすためです。

日本では、月と水の親和性の例に事欠きません。「水月」という名の旅館が全国各地にあります。多くの縄文遺跡は、近くに川や湧き水がある場所に立地しています。その羊水を月から運ぶと考えられたのは脱皮と冬眠を繰り返す蛇でした。不死や再生のシンボルとして関連付けられたのです。

蛇は揺れる樹木の下や岩陰にうずくまって再生を繰り返します。蛇の種類によって異なるようですが、ハブは3～4か月ごとに脱皮します。蛇は脱皮を繰り返すことから、「死なない」「よみがえる」ものの象徴とされたのです。祭祀の祀は、巳（蛇）を神として祀ることを意味する字だといわれています。蛇を祀る神社は各地にみつかります。

イザナギとイザナミの二神に比較されるのは、中国の神話に登場する二神です。二神は腰から上は人間の姿ですが、腰から下は蛇で二本の尾がかたく、親しげにまとわりついています。この二神は大洪水で生き残った2人の兄妹で、のちに夫婦になりました。この点がイザナギ、イザナミの二神によく似ており、イザナギ、イザナミも蛇神だとも考えられています。ナギとナミは蛇をあらわす語尾であることが明らかになっています。

日本ほど蛇信仰が盛んな国はありません。その決定的ともいえる証拠は「蛇口」です。世界広しといえども、水道の口を蛇の口に見立てているのは日本だけでしょう。さらに興味深いのは「蛇の目」です。

蛇の目傘など暮らしの中にこれほど蛇をシンボライズする国は少ないでしょう。鱗の模様の着物を身に付けるのは、蛇にあやかって再生を願う古代人の心の名残です。邪悪な毒を持つものが同時に叡智を備えているという、背反する属性に対する畏敬の念こそ、蛇に対する人間の原初的な感情の表れです。古代人が蛇を呼ぶ時の「可畏き神」という言葉がそれを伝えています。

月のシンボルの連鎖の中で水と女性（子宮）と蛇は重要な位置を占めるのです。

世界的な宗教学者であるエリアーデも、世界の神話や伝説、民族誌をひもとく中から、月－雨（水）－豊穣－女性－蛇が、再生のシンボリズムとして見出されることを指摘しています。エリアーデは農耕社会を前提としてますから、そこには「豊穣」という概念も含まれています。

縄文人は、石や岩へも特別な思いがありました。本州の各地には今も丸石信仰や磐座信仰がありますが、石や岩の形に子宮をイメージしシンボルとしたのでしょう。

景観も同様です。海は水のシンボリズムと結びついています。山は古来より神のいるところと考えられ、円錐形やうねる山並みは蛇や生命を宿す子宮に見立てられました。川も蛇行のたとえが示すように、水や蛇との親和性が１つの象徴体系をつくっています。湖や湾は、その形からおそらく子宮を連想させたに違いありません。色彩のシンボリズムもあります。縄文の赤は、漆とベンガラに代表されますが、再生のシンボリズムとしての意味が隠されています。

約３万７０００年から３万５０００年ぐらい前のアフリカで発掘される化石人骨には赤色の粉末が塗られていたことがわかっています。興味深いのは欧州とアジアの洞窟で発見された手型の大半は女性のものだったことです。

ちなみにアマテラスに代表される太陽信仰も日本ではさかんですが、多くの宗教学者は「権力と結びつくなど極めて政治的である」と指摘しています。狩猟採集を基盤とし、政治的な組織を持たないとされる縄文社会では太陽信仰の存在は考えにくいと思います。

●縄文式土器が意味するもの

約3万8000年前に日本列島にやってきた旧石器人が、約1万6000年前に土器を焼く技術を手にいれて、縄文人になっていきます。縄文時代は1万年以上続いたといわれています。日本列島の人たちは、新石器時代に突入した後、農耕を積極的に取り入れようとしませんでした。世界では、新石器時代とともに農業をはじめていたにもかかわらずに、です。大きな謎です。

全国で発見されている土器は膨大な数に上ります。縄文時代のはじめからつくられ、本州では弥生時代までつくり続けられてきました。

縄文人の暮らしの中心を占めていたのは経済だけではありません。したがって、ものづくりは単に機能性を追求するのではなく、道具に込めた思いをレトリカルに表現しています。縄文式土器は「鍋」という機能性だけではなく、月の水を集める器としての造形だったようです。生きていくために必要な「月の水」をどのようにすれば集めることができるのかという切実な願いのもとで造形を試みたというわけです。

縄文土器の模様についても考えてみましょう。網目模様の縄文は、植物の繊維などを撚り合わせてつくった螺旋状の原体（模様を付ける道具）を、土器の表面や内側に回転または押し付けて縄目の模様を付けるのが基本です。縄目模様は、再生のシンボルである蛇の交尾の様子をレトリカルに表現したものです。土器の形はさまざまですが、ほとんどが再生の中核シンボルである女性の子宮をレトリカルに表現しています。女性の子宮に見立てられた縄文土器に縄の模様を付けるのは、女性の身ごもりを期待して、月からの生きる水を運ぶ蛇を巻き付けるためです。「妊娠」や「出産」が大きなテーマなのです。

壺が女性（子宮）をシンボライズするという考えは、インカ文明や先コロンビア期などの農耕文化にもみられます。

施設跡についても、こうした視点から見直す必要があります。

日本列島では、すでに2万年前の旧石器時代に「墓」と呼ばれる施設がつくられています。縄文人に限らず、なぜ世界各地で、人は穴を掘って死者を葬ったのでしょうか。現在、私たちは死者を埋葬する場所や施設のことを墓と呼んでいますが、縄文人の墓の概念が同じとは限りません。現代の墓は、一族の遺骨を納め、祀るという儒教的・仏教的な存在ですが、戸籍や家制度もなく、社会を統一するための宗教もない縄文時代においては、墓は代々の先祖を祀る場所ではなく、母親の子宮に見立て、死者をよみがえさせるために入れるという信仰の場所だったと思われます。墓という言葉が、もともとはラテン語の「膨れている、妊娠」に由来します。

墓には再生を象徴する子宮的意味を持った縄文式土器が添えられています。民族学や神話学の世界では、死者や墓と子宮の関係は普遍的であり、単なる文化ではなく、人間の「根源的なものの考え方」を背景にしながら生まれたとされています。

●「死」の概念を持たなかった縄文人

縄文人の心を知るためにとりわけ重要な視点は「死」についての認識です。

日本に暮らす私たちは、他人の「死」を悼み、葬儀を行い、死者を火葬していますが、ほかの国・地域には違った葬儀の形や遺体の処理もみられます。ここからわかるのは、現在、私たちが営んでいる葬儀や埋葬は、人類に本来備わる生得的な行為ではなく、社会的で文化的な行為だということです。人が死者を葬るのは、決して生得的な行為ではなく、あくまでも死者への対応にかかわる文化的慣習または文化的装置の1つとして行っているに過ぎません。

私たちの思考のメカニズムは、縄文人であれ現代人であれ、大脳がその時代の社会的環境でどのように反応するかで、さまざまな形で機能するようにできています。人間には「宗教」を信じる遺伝子があるのではなく、宗教をはじめ芸術や哲学などさまざまな考え方（思想や信念）をつくりだす遺伝子があるに過ぎないことがわかっています。具体的になにを信じるかは（例えばキリスト教や仏教）、生まれ育った環境次第だということです。世界中に宗教が存在するのは、文化的につくられた思想や信念が、それぞれの地域的・時代的な社会環境の中でたまたま受け入れられ広まっただけなのです。アニミズムやシャーマニズム、トーテミズムという概念自体が心に備わっているのではなく、脳科学的にいえば、「信じる・願う」といった遺伝子があるだけで、必要に応じてさまざまな観念がつくり出されただけなのです。

縄文時代においても宗教という概念が使われますが、再生を信じることで死を否定する縄文人の心性は、人間の脳にインプットされた根源的なものですから、文化的につくられた従来の宗教とは分けて考えるべきなのかもしれません。

幼い子どものデフォルト（初期設定）の信念は、漠然としていて明確な形はとっていないにせよ、「死後も生き続ける」という考え方を素直に受け入れる傾向があります。しかし幼い子どもたちは「あの世に対する信念」があるわけではありません。むしろ幼い子どもたちは、あの世の概念を受け入れる準備が自然とできていると考える方がよいでしょう。

これに対し、合理的思考は「死」を認める一方で、人間の脳に根源的に備わっている「死にたくない」という思いが、命を長らえるための方法を合理的に見つけ出そうとします。

私たちは過去を知り、現在を把握し、未来を予見する能力を持っていますが、これらは対人関係が複雑化する中で必要に応じて創り出し磨き上げた能力です。

祖先を崇拝する死生観は、あくまでも死者はもう帰らずあの世から子孫を見守るという考えのもとに成立する考え方で、「生まれ変わり」の信念とは異なります。

縄文社会の「死」に対する認識は、農耕を基盤とする弥生時代以降の合理的思考とは異なっていたはずです。縄文人のシンボリズムの諸相をみて気づくのは、「死」そのものがシンボライズされることが極めて稀であるということです。縄文人にとっては「生まれ変わり」の信念がすべてだったのです。「死」は「生まれ変わり」の前段階に過ぎず、ことさら意味を持つものではなかったと考えられます。「死んだとしてもよみがえりたい」と望む心が、「生まれ変わり」をイメージさせ、それをシンボルに転換し、「生まれ変わり」のシンボルを添えて死者を埋葬することで、「死」を超越していたのでしょう。中国の生まれ変わりの村の人たちと同じです。

祖先や祖霊といった観念を持たずに死を扱う文化は、私たちにはまったくなじみがありません。なぜなら、古墳時代以降の仏教や儒教的なものの考え方に立脚して「死」を捉える癖がついているからです。「生まれ変わり」の信念を持っている人たちは、「死」に無頓着になり、「死」に対する社会的な意味も薄かったと思います。

縄文文化が長い間継続したのは、普遍的無意識に立脚した「生まれ変わり」の信念のおかげかもしれません。

墓は死者のとむらいのためではなく、「生まれ変わり」の場所としてつくられたものです。墓は子宮であり、そこには「死」はなく、あるのは「生」のエネルギーだけでしたが、知らず知らずのうちに人間は「死」に対して恐れや悲しみを抱き、それから逃れるためにさまざまな宗教的行為を行わなければならないと思い込まされているのです。

縄文人は、多くの考古学者が考えるような、家族や祖先などの集団を基盤とした死生観ではなく、肉体が滅んでも「死」にことさらこだわるのではなく、新たな「生命」がよみがえることにこそ高い関心を持っていたのかもしれません。

母なるものの特性の最も基本的なものは、その「包含する」働きです。それはなにものをも包み込み、自らと一体となります。そこには分離、分割ということはありません。生み出されたものは、死んでもそこに還り、また再生してくるのみで、そこには本質的に変化というものはありません。

縄文社会における人と人の結びつきも、制度にしばられた家族ではなく、一緒に住みたい人が集うといった程度の緩やかな集合原理が働いていただけだったことでしょう。

人はグレート・マザーという「死」を恐れないような心性が脳にプログラミングされているはずなのですが、物理的、科学的に「死」を理解した時から、「生まれ変わり」を信じることができなくなり、死にたくないという恐怖心に翻弄されているわけです。

それでも縄文人の遺伝子を持つ日本列島の人々は、「死」への恐怖心が希薄だったようです。

古代日本においては、大和言葉としての「しぬ」は、「しわしわ」になることであり、それは生命活動が低下した状態を意味したとされています。そして、しわしわの状態に水をかければ、また「いき」となります。

日本の古代には「死」の世界という言葉はありませんでした。地獄という言葉も黄泉の国という言葉も日本語ではありません。古事記や日本書紀の時代の日本人は、中国の言語を借用するだけで死後の世界のことをまだ明確に言語化できていなかった可能性があります。

日本人は朝鮮半島や中国をお手本にして知識を得てきましたが、死生観はかなり異なります。

中国では秦の始皇帝は強力な中央集権国家を建設すると、方士《ほうし》・徐福《じょふく》を伝説の蓬莱《ほうらい》に遣わし、不老長寿の薬を求めました。これに対し日本の天皇は、竹取物語の中で潔く「死」を選択しています。月の都に帰るかぐや姫から不老不死の薬をもらい受けながら、富士山の頂で「かぐや姫のいないこの世で、なぜ不死になる必要があるのだろう」と言って燃やしてしまったのです。日本人は「魂は巡りめぐってまた蘇る」と思い続けてきたのです。

一方、古代中国だけではなく、現代医学も、不老不死を追い求めているように思えてなりません。米国では、自身の遺骸を冷凍保存し、科学が進歩した未来に蘇生したいと願う人々が少なからず存在します。

不老長寿が、実は悲惨と苦しみでしかないということは浦島太郎の伝説で語られているとおりです。1人だけ不老長寿の身になったとしても、そこには誰1人知る人はなく、語り合える人もいません。若く美しく語り合う男女たちの中にあって、自分だけひとりその仲間に入っていけずにとり残されてしまうのです。自分が知っている人々はすべてあの世へと先に旅立ってしまいました。自分も一緒に旅立つしかなかったのです。

●「家族」の枠から外れつつある埋葬形態

「昨今の死をめぐるさまざまな小説や映画、『千の風になって』『もののけ姫』『黄泉がえり』などのように、生と死のあり方を『回帰・再生・循環』という、いわば縄文的死生観のモチーフに基づきながら展開するものが多くみられる」

このように指摘するのは縄文時代に詳しい考古学者の山田康弘氏です。「生きている今は人として生きているが、死んだらいつか再びこの世に生まれ変わってくる」、これが縄文時代の死生観ですが、確かに日本の葬儀の変容ぶりをみれば山田氏の指摘もなるほどと思えます。

戦前までの葬儀は村が主体となって構成員を送り出す儀礼でしたが、戦後は関係者が遺族を弔問する儀礼に変わり、平成以降は亡くなる人自身の最後の自己表現の儀礼へと変わりつつあります。

最近の葬儀の主流は家族葬（直系の遺族とそのほか親しい仲間で執り行われる葬儀、数人から数十人規模）となりました。21世紀に入ると首都圏を中心に通夜・告別式をせずに火葬のみを行う「直葬」も飛躍的に増加しました。

思い返せばバブル期までの日本は「死」を考えるにはまぶしすぎる時代でした。戦時中や敗戦直後の混乱期に死者をまともに弔うことができなかったことへの悔いからでしょうか、社会が豊かになり墓や葬儀に金をかけられるようになると、人々は争って立派な葬儀を行うようになりました。目に見えない社会のルールに縛られ、一番悲しい時に悲しめない様式になってしまいました。弔いの本質からほど遠いものになってしまったのです。その反動から、平成に入ると「死」を受けとめる文化装置である葬式は、社会的コンセンサスを急速に失ってしまったのです。

お墓のあり方にも変動の波が押し寄せてきています。

現在一般化している「家墓」という形態は明治民法の導入以降流行したものであり、戦後「イエ制度」がなくなったにもかかわらず変わらずに続いてきたものに過ぎません。庶民がお墓を持つようになったのは江戸時代ですが、その頃は個人単位や夫婦単位でつくられた小型の石塔というスタイルが多かったようです。

継承者を前提とする現在のお墓のシステムは制度的に破綻しており、全国で無縁墓が急増しています。官報に告示して1年以内に管理者からの申し出がない場合には「無縁」とし、墓の区画は整理され、遺骨は無縁仏を集めた供養塔などに合祀されます。日本全体で毎年約10万件の遺骨のお引っ越し（改葬）が起きています。日本の葬送事情に詳しいジャーナリストの瀧野隆浩氏は「現在起きている現象は『共同化』『無形化』だ」と指摘しています。日本では「墓の共同化（生前に無縁だった人々が1つの共同の墓に入る）」の動きが盛んになってきています。

一般的に「共同墓」と呼ばれているものは「合葬式墓地（仏教寺院では永代供養墓）」のことであり、不特定多数の他人の焼骨を預かり共同で埋蔵または収蔵する施設、または埋蔵地（墓地）のことを指します。日本では１９８９年に誕生し、全国で７００基以上の共同墓が建立されています（２０１４年時点）。

共同墓の中で樹林葬というスタイルが人気を集めています。樹林墓とは墓地として許可された区域に樹木を植え、その区域に遺骨を埋蔵する墓地のことです。

桜葬（樹林葬の一形態）を運営している認定ＮＰＯ法人エンディングセンターの井上治代理事長は「樹林葬は先祖祭祀に代わるスピリチュアルケアになる」と主張しています。「家」の先祖として祀られるということで死後の生が続く（家族の永遠性）という発想から、死んだら桜になって毎年桜の花が咲く頃に咲き誇る（自然の永遠性）という発想への転換というわけです。

一方、高度成長期に盛んだった「企業墓」は衰退しています。高野山の奥にある霊園は企業墓のメッカでしたが、日本的経営が下火になるにつれて無縁墓が急増しています。

海洋散骨も盛んになりつつあります。２０１４年に設立された海洋散骨の業界団体である日本海洋散骨協会の初代代表理事の村田ますみ氏（現在は広報担当の代表副理事）によれば、毎年１万件程度の散骨が行われています。日本ではじめて海洋散骨が行われたのは１９９１年です。ＮＰＯ法人「葬送の自由をすすめる会」が、「死者を墓に入れて祀るという明治からの画一的葬法から脱却し、死者を弔う方法はもっと自由であるべきである。海や山などの自然の大きな循環の中に還るというやり方は土地造成による環境破壊を防ぐものであり、日本人が本来持ち続けていた自然との一体感を望む死生観が根底にある」と訴え、同年10月に相模灘で第１回目の海洋散骨を実施しました。

これに対し政府が「葬送のための祭祀で節度を持って行われる限り問題はない」との見解を出したことで「海洋散骨は違法ではない」との認識が一気に広がりました。

民間調査によれば、「海洋散骨を希望する」人の割合は25％に上っています。

共同墓や散骨に加え、骨仏という納骨形態も静かなブームです。骨仏とは寺に納められた遺骨を集めて粉にした後、セメントや土などの固化剤で固めてつくった仏像のことを指しますが、１８８７年に大阪市天王寺区の一心寺が最初とされています。一心寺では２０１７年に14体目の大仏が完成しました。現在、毎年2万件近くの納骨依頼が全国各地の寺院に寄せられています。亡き人の遺骨灰を墓に入れずに手元に置く「手元供養」も広がっています。鎌倉新書の２０１７年の調査によれば、購入した墓のタイプは「一般墓」が47％、「樹林墓」が25％でした。今や半数以上が一般墓ではない形式を選ぶ時代になったのです。

●新型コロナで葬儀はどう変わるか

２０２０年の3月下旬、愛媛県松山市の通夜と告別式に参加した男女４人が新型コロナウイルスに感染したことが明らかになりました。大勢の参列者が1か所に集まって故人との別れを惜しむ場は、感染拡大を招く3つの密（密閉・密集・密接）に該当する恐れがあることから、厚生労働省は感染リスクに注意を促しています。遺体からの感染リスクもあるため、遺体は非透過性の納体袋に密封され、遺体に触れる際は手袋の着用が求められるようになりました。なんとも殺風景な風景です。

通夜や告別式を行わず、火葬する直葬を少人数で済ませる「コロナ対策葬」や葬儀を自宅で自分たちで行う「セルフサービス葬」なども登場しています。

新型コロナウイルスのせいで現在の葬儀はますます形骸化することになり、葬儀のあり方が180度変わるのかもしれません。

興味深いのは英国の現在の葬儀事情です。多くの英国人は昔ながらの葬儀をやめ、故人の性格に合った楽しい見送り方を選びはじめています。英国の葬儀会社による3万人を対象とした「死、死に方、死別」に関する調査によれば、41%が「悲しい式典ではなく人生を祝う祭典にしたい」と回答しました。また回答者の20%は「参列者には明るい色の服装を望む」としています。

2019年9月8日付英テレグラフは「英国で宗教的葬儀が激減」と題する記事を配信しました。黒い喪服、歩調を合わせてひつぎを担ぐ人々、止めどなく流れる涙。英国の葬儀事情に関する過去最大の調査によれば、宗教的葬儀は「死にかけている」のです。英国市民の間では火葬場や教会、墓地などで葬儀を行うよりも、一風変わった方法で愛する人を弔う傾向が強くなってきています。年間10万件以上の葬儀を営む英葬儀社最大手のコープ・フュネラルケアが発表した調査結果によれば、宗教的葬儀の件数は2011年以降、80%減少しました。2011年は67%が伝統的な宗教的葬儀を希望し、無宗教葬を希望した人は12%に過ぎませんでした。しかし2018年までには、宗教的葬儀の希望者はわずか13%に減りました。

複数の葬儀社が、ユニークで宗教色のない葬儀への驚くべき転換を報告しています。牛乳配達車や小舟、蒸気機関車、四輪バイクなどを霊柩車に改造してほしいという依頼が多くなりました。葬儀場についても、動物園やバス、牛の競売所、ゴルフ場の18番ホールの横、マクドナルドのドライブスルーなどで営まれるようになりました。愛する人の遺灰についても、蒸気機関車の火室の中に置いたり、スカイダイビング中にまいたりする人もいました。

葬儀責任者らによれば、全体の22％が、自分の棺の中に納めるものをすでに決めているそうです。風変わりなものとしては、中華料理のテイクアウト、義足、携帯電話、さらにはオズの魔法使いのコスチュームなどがあります。

英社会研究センターによれば、「無神論者と確信している」人々の割合は１９９８年の10％から２０１８年には26％に上昇し、過去最高を記録しました。

日本でも今後故人の個性豊かな人生が表れるような葬儀が主流になっていくのではないでしょうか。

●日本はなぜ無宗教なのか

多くの日本人が無宗教でいられたのは、葬式仏教のおかげだったようです。

葬式仏教といわれるものは江戸時代に誕生しましたが、その背景には庶民の生活水準が向上したことが関係しています。日本列島の先進地域では、16〜17世紀になると新田開発などが進み、人々はこの世の生活に自信を持ちはじめました。「憂き世」が「浮き世」に変わったのです。

寺請檀家制度が全国的にゆきわたるのは17世紀後半といわれています。「浮き世」の人生観が確立されていく時期と重なります。墓が民衆に普及するのは18世紀頃からだといわれています。人々は現世を生きることに十分に自信を持つことができるようになってきたので、あえて不確実な極楽や天国を持ち出す必要がなくなったのです。

「無宗教を標榜するのは、喜びも苦しみも悲しみもほどほどに生きているのだから、それ以上に人生をかきまわさないでほしいという、自己防衛の1つの表現である」

このように主張するのは『日本人はなぜ無宗教なのか』の著者阿満利麿《あまとしまろ》氏です。

「ともかくもこの世を楽しむのがよい」とする「浮き世」の人生観の下、日本人は絶対的な救済を求める方向には進まないが、だからといって完全な「無神論」の信奉者にもならない中途半端な心持ちになりました。「この世は楽しい」と嘯いてみたものの、自己に絶対的な実在感を持つことができなくなりました。そのような悩みを抱える中で、葬式仏教によって死後の安楽が保証されると考えることで「浮き世」を享楽できるとする発想が生まれました。

「人は死ねば仏になる。その人がどのような人生を歩んでいたかは問われない」「必要なことは仏教式の葬儀と年回供養を営むことにある」と死後の安楽の保証が約束されれば、この世を生きている間は、特別の宗教を選び取る必要はなかったのです。だから安心して多くの人々は無宗教を標榜してこられるようになりました。死者を祀れば仏になるという信仰こそ、「浮き世」の享楽を可能としたのです。

日本人が「無宗教」と標榜するのは、年々歳々の行事を繰り返すことで「こころ」の平安を得ることにより、人生の深淵をのぞきみることなく生きていきたいという楽観的人生観への希望の表明だったのですが、葬式仏教が機能するためには、日本人の間に伝統的な先祖崇拝や霊魂観が生きていることが前提です。先祖とは、死者の霊が一定の期間を経てしだいに清められ、やがて祭祀の対象とされるようになった存在です。

「人は死んでも『ご先祖』になることができる、そして年中行事を通じて子孫と交流することができる」と信じることができれば、人は「死」について大きな不安を抱くことなく生きていくことができます。先祖といえば、一昔前までは1つの村にかかわったすべての死者たちをイメージすることができました。

柳田が「先祖の話」を書きはじめた終戦直前の頃の日本では、家のどこかに祀っている神棚や仏壇に、毎朝のように炊きたてのご飯の最初の一椀を供え、チンと鐘を鳴らしたり、手を合わせたりするという風景が普通の家庭ではどこでもみられました。その神棚や仏壇には神や仏と並んで「ご先祖さま」の位牌が並べられていたのです。ご先祖さまも神さまや仏さまと同じように拝礼の対象だったのです。そうしないことには1日がはじまらないという時代だったのです。

しかし先祖が個別の家々で意識されるだけのやせ細った存在になってしまいました。「先祖」という観念がリアリティを失い、かつてのように「ご先祖様になって子孫を見守る」ということで安心感を得られる日本人は少なくなっています。しかし「死を形骸化した宗教儀礼に預けたままにして死についての思索を欠いたまま」という現状をいつまで続けられるのでしょうか。

●宗教とはなにか

葬儀の変容の背景にあるのは、宗教の力の衰退があることはいうまでもありません。

宗教の基本的な機能は、かつては社会に秩序をもたらすことでした。同じ神話を共有することで、仲間意識を高めるとともに、相互に善行を施し合うユートピアをつくり出してきました。

宗教が築き上げたコミュニティは、人々に人生の目的や誇り、アイデンティティーの感覚を与えてきましたが、こうした役割は、近代になって大きな逆風を受けることになりました。科学が発展することで、宗教が主張する奇跡や神話が幻想であることが明らかになる一方、近代的な法制度や国家が発展することで伝統的な宗教に頼ることなく社会全体の運営が可能となったからです。

ハラリ氏は宗教のことを「超人間的な秩序の信奉に基づく人間の規範と価値観の制度」と定義しています。この定義に基づき、ハラリ氏は以下のものも宗教だと指摘しています。

●共産主義：財産を共有する社会こそが究極の幸福をもたらすと信じる。
●資本主義：自由競争と私利の追求こそが繁栄する社会を築くと信じる。
●国民主義：自分たちを歴史の中で果たすべき特別な役割を持った国民だと信じる。
●人間至上主義：人願は奪うことができない特定の権利を受け取っていると信じる。

このことから、私たちの日常を取り囲んでいるイデオロギーが実は宗教であることがわかりますが、これらに欠けている機能がみえてきます。

それは「人間とはなにか？」「なぜ善と悪があるか？」「死んだらどうなるのか？」という問いに対する答えです。「死んだらどうなるのか」「人生の究極的な意味はなにか」という問いに対して、合理的に答えを出すことは不可能です。近代以前の宗教は、天国や超越的な形での救いを語っていましたが、私たちは証明不可能なものを信じなくなってしまいました。しかし私たちがこれらの問いを持ち続けている状況に変わりはありません。宗教的な世界観はどんどん足場を切り崩されていって、科学的な世界観で説明できないような超越的なものは、「こころ」というあいまいな言葉が使われるようになりましたが、中味のないこの言葉で救われる人はあまりいないでしょう。

科学は私たちの心の内のことについては、なにも解決策を与えてくれませんから、科学だけが世界の真理だと考えていると、自分の心の内を納得させる方法はありません。私たちが生きるために必要な糧を与え、私たちに安心のベースを提供してくれるものが本来宗教というものの存在意義であったはずです。「死」は事実でなく、概念です。「死」は概念化されてこそ共有される事柄です。理解するためには言葉が必要です。

私たちの多くは「死ねば無になる」ということを信じていますが、このことは科学的に証明されたものではありません。「一切が無だ」というのは所詮人間の浅知恵です。新しい精神生活のあり方を模索するにあたっては、人を納得させうる強さを持っているものが求められています。自己を内省させるきっかけになるものを提供できるのでなければなりません。

ホモ・サピエンスというのは、グレート・マザーという元型に支配されていますから、「生まれ変わり」の信念をめぐる語りは消えることはないのです。ただ、そのあらわれ方が、時代と社会や文化によって異なるだけです。

精神分析学の祖であるジークムント・フロイトは、「心的な表象を抑圧したり排除したりしても、それは消えてなくなったりせず、別のところに出てきてしまう」現象のことを「抑圧されたものの回帰」と名付けましたが、世の中に登場する「新しいもの」は無から生じるのではなく、すでに存在しているが抑圧されているものが時代の変化に応じて回帰してくることが多いのではないでしょうか。

マックス・ウェーバーは「脱呪術化（救いの手段としての呪術を排除すること）」を唱えましたが、脱呪術化は「脱宗教化」という意味ではありません。ウェーバーは宗教自体は「人生に究極の意味を与えるもの」として積極的な価値を与えていましたが、「従来からの儀礼に盲従するのではなく魂の救済の方法を徹底的に合理化すべきである」と主張したのです。「生まれ変わり」の信念を科学的に検討することが求められています。

●葬式仏教から「生まれ変わり」の信念へ

団塊の世代以降の日本人は、生まれてから一度も戦争も飢饉も経験しないで高齢者になろうとしている、世界に類をみない幸運な時代と国に生まれました。まだまだ元気な人が多く、当面の生活の心配はないものの、想定不可能である自分の死に方について、実存的な恐怖を抱えています。

幸い戦争も災害も事故も大病も知らぬままだったので、「あの世」についての言説もほとんどニューエイジやサブカルチャーの文脈で消費していました。まるで「死」などないかのような消費社会で暮らしてきた後、親の介護や死を体験し、突然、自分自身の病気や死の怖さをアピールする情報に晒されて慌てる人が少なくないと思います。自分や先立った人たちの死後を思う時に、「死ねばすべては朽ちて無に還る」という割り切り方は、多くの人にはなかなかできるものではありません。

過去の日本人を支えていた葬式仏教が衰退し、地域共同体や家族の絆が希薄となった現在、孤独死のリスクを完全に回避できる人は少ないと思います。

「死」に直面した人たちは、教育程度や社会的地位や人生哲学に関係なく、伝統に裏付けられた確信にすがりたいのですが、日本では「死」について確信を持って話してくれるプロが見当たりません。そもそも、人の「死」の場面で機能しないような宗教など、宗教の名に値するでしょうか。その意味で日本の宗教は危機的な状態にあります。本当の意味での宗教が求められる時代になっています。

ここで中年以下の年齢層の死生観についてもみてみましょう。

現在の日本人の平均年齢（総人口の中央年齢）は46歳前後です。46歳といえば団塊ジュニアの世代に当たりますが、彼らの死生観に関するキーワードはスピリチュアリティ（聖なるものに触れる経験）です。団塊ジュニア世代がイメージする死後の世界を概括すれば、「現世よりも明るく、死ぬと多くは浄化コースをたどり、十分に休息をとってから先祖にはならずに生まれ変わる」というものです。

人間は「聖なるもの」に引きつけられる生き物です。「聖なるもの」とは日常の事柄とは区別して扱われるべき特別な価値を持っているものを指します。「聖なるもの」は心の支えや励ましになることから、団塊ジュニアがスピリチュアリティに関心を持つのは当然かもしれませんが、この世代は組織を嫌い個人主義的な色彩が強いという特徴があります。

死者はかつてのように祟りをもたらす存在ではなく、親愛なる故人として「そこにいてほしい」と思われる存在に変わったようです。その死生観が顕著に表れたのは、２０１３年8月に放送された「ＮＨＫスペシャル　東日本大震災　亡き人との再会～被災地　三度目の夏に～」という番組でした。亡き人は「幽霊」ではなく、あくまで個人的に実感される普通の体験として認識されていることがわかります。

このような現象について、宗教学者の正木晃氏は「東日本大震災では怖くない幽霊、家族を優しく見守る幽霊、とにかく会えてうれしいと思わせるような幽霊が登場した。優しい幽霊の出現は、近代化の末路がはっきりみえてきた今、日本人の心になにか新しい感性が生まれつつあることを示唆している」と指摘します。「供養を経て仏となり、さらに浄化され個性をなくして先祖や土地の神となる」という、かつて主流だった「葬式仏教的死生観」は賞味期限切れとなり、生者と死者の情緒的交流が当たり前のものとして捉えられ、幅広い共感が寄せられる「スピリチュアリズム的死生観」の時代になったのかもしれません。

彼らは、なんらかの「死後の生」が存在することを肯定し、「身体が死んだ後も魂は存在し続けて、生まれ変わったり、あの世に行ったりする」と考えています。このように考えると、現在の日本で「生まれ変わり」の信念を復活させるのは意外と容易なのかもしれません。むしろ日本はそれに最適な場所だと思います。無宗教であることに加え、災害が多いからでしょうか、日本人は仕方ないと諦める傾向が強いので、前世のことを引きずることはないと思います。前世を記憶して生まれ変わったとしても、前世の良かったこと、悪かったことはすべてなかったことにできる能力があると思えるからです。

「装いは時代とともに変わっても、心は縄文時代のままである」

これが日本人の信仰心の真実ではないでしょうか。

縄文時代以来信じられてきた「生まれ変わり」の信念を改めて見直すことで、新たな未来を生み出せるのではないでしょうか。

第3章　「生まれ変わり」の効用

●人類初の多死社会の到来

終末医療や介護関係者の間で「2025年問題」が懸念されはじめています。

団塊世代が一斉に後期高齢者となる2025年には、老化に伴うがんや慢性疾患、老衰などで死に直面する人が急増することから、病院などの収容が追いつかず、死に逝く者をどこで誰が看取るのかが大問題になると予想されているからです。2019年の日本の年間死亡者数は約138万人となり、1980年と比べると60万人以上増加しました。日本の死亡者数は、戦後の混乱が収まる頃までは100万人前後と高水準でした。医療や食糧の事情などが良好ではなかったからです。

その後経済が急速に発展し、医療や食料などの事情が大幅に改善され、乳幼児死亡率が急激に低下し、結果、死者数は大幅減少しました。約70万人にまで減少した死者数は1980年代後半まで横ばいで推移しましたが、高齢化の進展により再び増加しました。2025年の死者数は150万人を超えます。年間150万人の死者数は第二次世界大戦中の1年分に匹敵するほどの数です。戦争をしていないのに、戦争中と同規模の人が死ぬ国に日本はなるのです。

2030年には約160万人、ピークは2040年の約170万人になるようです。その後、高齢者の人口減少によって死者数は減少し、2065年には約160万人になるようですが、160万人という水準は2019年のそれよりもはるかに大きく、決して小さな数字ではありません。

人口1000人当たりの死亡率もみてみましょう。戦後の最低は1982年の6・0％でしたが、その後1990年頃から上昇傾向が明らかになり、2019年には11・1％と倍近くになりました。

2025年には12・4%、2040年には15・1%、2065年には17・7%にまで上昇することが予想されています。ちなみに戦後の死亡率の過去最高は1947年の14・6%です。死者数を年代別にみてみると、その90%が高齢者であり、その比率は30年後には95%になると予測されています。死因をみてみると、現在日本人の3人に1人ががんで亡くなっていますが、2025年には2人に1人ががんで死ぬことになるようです。高齢者ががんや老衰などで亡くなっていくという「長くて緩慢な死」が圧倒的に多数を占める「多死社会」が到来するのです。

未曾有の多死社会に突入する日本では、「死」は個人の問題だけではなく社会全体の問題に変わりつつあります。「長くて緩慢な死」の過程で死に逝く人の尊厳を守るためにサポートしてくれる人が欠かせなくなるからです。戦後の日本では「死は無価値である」という社会通念が広がりましたが、このような社会通念のままで多死社会が到来すれば、社会全体がニヒリズムの暗雲に覆われるのは必定です。隠蔽された「死」が社会に回帰しつつある状況下では、「死」とはなにかを議論することは避けて通れません。

●QOD（死の質）が問われている

欧米では20年ほど前から「延命治療をやみくもに行うのではなく、安らかな最期を実現すべきとする『QOD（死の質）』が重要である」という考え方が広がっています。

英国のエコノミスト誌は2010年に「緩和ケアのための環境」「人材」「費用」「ケアの質」「地域社会とのかかわり」という5項目の質と量を調査し、終末期医療、特に緩和ケアの整備状況を数値化して国別のランキングを公表しました。その後、2015年にもランキングが発表されましたが、2回とも第1位は英国でした。英国では2002年に「ゴールド・スタンダード・フレームワーク（GSF）」と呼ばれる、いわゆる「人生の最終段階を支えるケアシステム」がスタートしました。現在英国にある総合医療機関のほぼすべてでGSFが導入され、介護施設においても普及が進んでいます。このシステムの特徴は、現場のスタッフが死をタブー視することなく、月に一度「終末期をどうしたいか」を確かめるための面談が行われていることです。

このシステムが導入された背景には「死は負けではない。安らかに死ねないのが負け」「死を受け入れると残りの日々を幸せに暮らすことができるから人生のクオリティが向上する」などの社会的なコンセンサスがあります。

スウェーデンでも死はタブー視されていません。医療従事者が患者の予後が長くないと判断した時、本人やその家族に真実を伝え、「治すための医療」から「安らかな最期を迎えるための医療」にシフトする動きが広まっています。スウェーデンもかつては人生をできるだけ長くすることに重きを置いてきましたが、「人生を長くしても病気を長引かせるだけ」という矛盾に直面し、医療のあり方を大幅に見直したのです。

日本では政府が2013年にはじめてQODを高める医療のあり方を変えていく必要性を示しましたが、残念ながら前途遼遠です。

終末期の医療現場ではスピリチュアルペインが深刻な問題になっています。スピリチュアルペインとは「その状況における自己のありようが肯定できない状態から生ずる苦痛」のことですが、終末期に入り急激に日常生活が困難となった患者が絶望的なほどに苦しいと感じることは容易に想像がつきます。

人は死と向き合わなければならなくなった時、「いったい自分が生きてきたのはなんのためだったのか」という問いが出てきます。「自分がどこから来てどこへ行くのか」という実存的な問いは、身体はもとより精神や社会の次元での回答では満たされません。すぐれてスピリチュアルな性質のものであり、医療ではなすすべもありません。

欧米の多くの病院や介護施設などではチャプレンと称する聖職者（牧師、神父など）が終末期の患者のケアに当たっています。

日本でも東日本大震災をきっかけにチャプレンをモデルにした臨床宗教師が生まれました。２０１２年に東北大学に臨床宗教師の養成講座が開設され、現在臨床宗教師の認定制度も設けられ、僧侶をはじめとする宗教者が、所定のカリキュラムを経て、終末期の人と家族の心のケアを担うことになっています。「引導を渡す」という言葉が示すとおり、かつて日本の僧侶は看取りの場で重要な役目を担っていましたが、現在の日本の宗教者に語るべき死生観が欠如していることは大きな問題です。

●「安楽死で死なせてください！」

人生の終わりが、医療によってコントロールされ、ある程度の長さを引き延ばされるようになったことで、私たちは１人１人が、自分の死について具体的に考えざるを得ない現実に直面することになりました。人類の歴史上はじめてのことですが、効率重視の発想が強く、死生観が希薄な団塊世代(特に男性)が中心となって安楽死解禁論が噴出すれば、医療現場はもとより社会を揺るがす大問題になる可能性があります。日本の自殺者の4割が高齢者です。介護されている高齢者の3人に1人が「死にたい」と考えたことがあるというのです。

悲しいことに自殺者の95%は家族と同居する高齢者です。その理由は「邪魔者扱いされている感じがするし、迷惑をかけてすまない」という気持ちからなのだそうです。

このような世相を反映してか、「おしん」「渡る世間は鬼ばかり」などで有名な脚本家橋田壽賀子氏が2017年8月に出版した『安楽死で死なせてください』が話題を呼んでいます。

『安楽死を遂げるまで』の著者でジャーナリストの宮下洋一氏によれば、「安楽死」と呼ばれるものは以下の4種類に区分されます。

①積極的安楽死

筋弛緩薬を静脈注射することで患者を死に至らせるものです。世界ではじめて安楽死を合法化したオランダは、2001年に医師による自死支援（PAD）と積極的安楽死を認める法律が成立しました。2011年には、不治かつ末期の病ではなくても、つまり認知症の人であっても、人道的な立場からみて本人の生きる価値がないと認められれば、安楽死が行われるべきだという公式見解が示されています。2020年5月に認知症患者に対して安楽死を認める判決がはじめて出されました。オランダ全体の死者数に占める安楽死の割合は約4%です。米国でも、アルツハイマー病と診断されたものの、肉体的にも社会的にもまだまだ行動できるのに、積極的安楽死を実行した人がいます。アルツハイマーと診断された初期の時点で、もはや「ウェル・ビーイング（心の平和）」ではなく、将来自分の尊厳が冒されるような状態になった時に、自ら「安楽死」を実行することができないだろうというのがその理由です。

②自殺幇助

医師から与えられた致死薬で患者自らが命を絶つものです。日本ではスイスの例が有名です。「幇助」の名が示すとおり、医師は致死薬を入れた点滴瓶を用意し、その場に立ち合いますが、点滴のストッパーを開くのは患者本人です。１９４２年にできた刑法の規定を「利己的な理由によらない範囲で自殺を幇助することは犯罪にならない」と解釈されてから、自殺を幇助する団体が設立されて、すべてを取り仕切る形になったのです。医師は、点滴を開始してから臨終に至る模様をビデオ撮影し、そのフィルムを検死に訪れる警察官に提示し、殺人ではないことを照明しなければなりません。スイスで安楽死を幇助する団体は、ディグニタス、エグジット、ライフサークルの３つです。外国人を受け付けているのはディグニタスとライフサークルですが、世界中からほとんど毎日のように電話がかかってきており、予約待ちの状況だといわれています。２００８年にディグニタスで自死を実行した人々の60％がドイツ人であったとされています。

③消極的安楽死

日本では「尊厳死」と呼ばれているもので、延命治療措置の手控えや中止を指します。アジアでは近年、尊厳死を認める法律が韓国と台湾で施行されています。日本では尊厳死を認める法律は制定されていませんが、2007年に厚生労働省が発表した「終末期医療の決定プロセスに関するガイドライン」が実質的に尊厳死に関する指針となっています（2015年に「人生の最終段階における医療の決定プロセスに関するガイドライン」と改訂されました）。

④終末期鎮静

終末期の患者に緩和ケア用の薬物を投与するものであり、日本でも多くのホスピス病棟で実施されています。

以上が安楽死の定義です。

安楽死問題が浮上したのは、治療の現場が近代化され、かつてのような個人的な関係の下で実質的な安楽死を行えなくなってしまったという事情が背景にあるようです

日本でも、これまでも安楽死が行われていなかったわけではありません。終末期沈静が安楽死の代わりを担っていたようですが、医師と患者とその家族との人間関係が緊密だったので問題になりませんでした。

NHKと日本在宅ホスピス協会などが2015年に実施したアンケート調査によれば、在宅医師の4割が「過去5年間に終末期鎮静を行ったことがある」と回答し、そのうち2割は「積極的安楽死とあまり変わらないと感じることがある」としています。日本緩和医療学会は「これは安楽死ではない」と主張していますが、実際の機能としては安楽死と同じ役割を果たしています。終末期鎮静の措置を講じて意識をなくせばそのまま死に至らしめることが可能だからです。

デリケートな問題を医師と患者の個人的な信頼関係でなんとかするという、いかにも日本らしい折衷案的な解決策でした。しかし、現在の医療現場は看護師ら医療チームが常に患者周辺に張り付いています。多くの目が注視している中で、患者の意思を尊重しようとすると、医者が医療チームの同僚から告発されるということも起こり得ます。

２０１９年6月、50歳代の日本人女性がスイスで自殺幇助による安楽死を遂げました。一切の主体的行動ができなくなる難病に冒された独身の50代の女性にとって、愛情に満ちた二人の姉の面倒が心理的な負担となったことから、法律的に誰にも罪にならないスイスで、姉たちに看取られながら自死を決行しました。

本事案について評価する声が少なからずあるようですが、間接的に仲介役を担った宮下氏は、肯定的な評価を下していないようです。「たとえもがき苦しむ姿をみせようとも人間は最愛の人の側で死ぬことができればそれでいいのではないか。安楽死が幸せな逝き方かどうかは、患者と残される人たちの家族関係に尽きる。家族が安楽死に理解を示せないのであれば、たとえ本人が理想の死を遂げても結果としてそれが『良き死』だったといえない」という同氏の持論に反しているからです。

宮下氏は日本での安楽死の実施についても否定的です。その理由は日本では「家族に看病してもらうのは申し訳ない」という自殺の理由からわかるように、「死」が自らの意思というより家族に向けられている感覚が強いからです。安楽死が法制化されれば、歯止めがきかなくなる恐れがあります。

欧米諸国で安楽死や自殺幇助が法的に認められているのは、自己決定を尊重する考えに立っているからです。「死」は自分だけのものではなく、自分を取り巻くさまざまな共同体に深くかかわっているという意識が強い日本では、「死」というのは一個人に閉じ込められたものではなく、人が死に逝く時には看病する家族、治療する医師、看護する看護師など多くの人がかかわります。死んだ後にも残された人がいて、故人に思いをはせます。人の「死」は、死に逝くその人だけのものではなく、残された人のものでもあります。残される家族にとっても、大切な人が亡くなるまでの時間はかけがえのないものなのです。小説『安楽死特区』を上梓した医師の長尾和宏氏は、登場人物の1人に「自己愛に満ちた、自分以外を本気で愛せない、利己的な人しか安楽死を望まない。愛する人がそばにいたら、安楽死したいなんていって家族を絶望の淵に立たせたりはしない。だから安楽死法なんて必要ない」と語らせています。

かつてないほど自己愛が肥大してしまった私たちは、それが蝕まれた状態になってしまっても、自らを肯定的に捉えることができるのか、筆者には自信がまったくありませんが、多死社会を迎える日本では、医療関係者ばかりに「死」を押し付けることはもはやできなくなったことだけは間違いありません。

●医療資源となる「生まれ変わり」の信念

カール・ベッカー氏は「『生まれ変わり』の死生観こそが日本人の伝統であり、日本人の知恵を切り捨てる必要はない。死んだら終わりという迷信をやめて、日本人の伝統に基づいた人間的な医療、人間的な看取りにかかわる研究を行ってほしい」と長年訴えてきました。

東大医学部病院の緩和ケアの医師が「死生観を持っているかどうか、それはどんな高尚なものでも幼稚なものであっても、ともあれ自分なりの死生観を持っているかどうかが最期の臨床において態度や振る舞いに大きな差が出てくる」と述べています。遺族の悲嘆もかつてよりひどくなっているといわれています。

科学的思考に慣れている私たちはすべてを科学的根拠で説明しようとする傾向がありますが、私たちが生きる世界は、科学的根拠だけでは説明できないことで溢れています。科学の語源は「知る」を意味するラテン語（scire）から派生したものですが、科学がもたらしてくれる「知識」自体は本質的な意味を持っていません。科学的事実はそのままでは人生の意味や価値についてなにも語ってくれませんが、そこにどのような意味を見出すかはあくまで人間の主観的な行為です。

人は茫漠とした「死後の世界」ではなく「ふるさと」であるところの「あの世」に還っていきたい、母のような温かい存在に自分の魂を優しく受け止めてほしいと考えているのにもかかわらず、現在の終末期医療の現場でこれが満たされることはありません。

私たちが「死んだらどこへ行くのか」についての信念を持ち、「安心立命」の境地を手にすることは容易ではありませんが、「生まれ変わり」の事例に関する知識が「心のクスリ」として働くのではないでしょうか。

大門氏が「『死後の生命』や『生まれ変わり』が本当にあるのかどうかという『真理』には関心がなく、生きがい感の向上という『現象』にこそ関心を抱く」と主張しているように、「生まれ変わり」の信念を持つことによって「死の恐怖」や「死に対する敗北感」が軽減されることが多いと思います。

幸いなことに医療では、ある治療法に効果があれば、治る仕組みがわかるまでその治療法を使わないなどということはありません。医師たちは、それぞれの薬の作用機序がわからないうちから、たくさんの薬を使って治療を成功させてきました。

「生まれ変わり」の信念に人生を変える力があるかどうかという主観的な価値を問う研究が世界では新しい流れとなりつつあります。多くの研究結果において、「生まれ変わり」の信念が、人々の「人生の意味」を増大させたり、病人が苛まれる「死の不安」を軽減したり、愛する人を看取った遺族の「死別の悲しみ」を癒す力を持っていることが実証的に支持されているからです。

日本でも、医療やケアの領域において生まれ変わりという信念を「医療資源」とみなし、その治療的効果を定量的に測定したり、質的な分析を行う動きが出てきています。

「死を考えることは恐ろしいことでも縁起の悪いことでもありません。死を考えることは私たち生きる者にとって不安なく暮らすための保険のようなものです」

このように主張するのは『人は死んだらどうなるのか』の著者加藤直哉氏です。現役の開業医である加藤氏は3本の論文（「臨死体験」「催眠療法による過去性体験」「生まれ変わり」）を執筆して海外の大学で博士号を取得しています。加藤氏が死生学の研究をはじめたのは、医師になってからの辛い体験からでした。自分を信じて来院してくれたのに、治してあげられなかった患者や、「なぜ、娘を助けてくれなかったんだ」と涙を流す患者の家族の顔ばかり考えるという、苦しみにあえいでいた時に出会ったのが、死生学だったのです。

人生の最期をどう迎えるかは個々の価値観にかかわる難しいテーマです。死に対する悩みはさまざまな恐怖（苦痛や尊厳の喪失など）や不安（人生が不完全なまま終わってしまうことや家族などの負担になることなど）が複雑に入り交じっているからですが、日常生活の延長線上にある最終地点が「死」です。「死」を日常から切り離すのは不自然です。

このような問題意識から、死生学という学問は、約１００年前に誕生しました。「死」という絶対不可知と思われている事柄をロベール・エルツというフランスの社会学者が学問の対象としたのです。

日本に死生学という言葉が輸入されたのは１９７０年代ですが、「死」と「生」を同じ比重で捉え、「死」のタブー視とその裏腹にある「生」への過剰な価値付けを問い直すといった指向性を有しています。

１９７７年に医療従事者を中心とした「日本死の臨床研究会」が組織化され、１９９５年に「日本臨床死生学会」も設立されました。「日本死の臨床研究会」と「日本臨床死生学会」とも名称に「臨床」が含まれていますが、日本の死生学は主に臨床医療にかかわる人たちによって牽引されてきたことを物語っています。

加藤氏は「死に逝く人が死の不安を口にするなら死生学研究の話をしてあげるべきである」と主張していますが、加藤氏が述べる「死生学」は従来の死生学とは異なり、「生まれ変わり」の信念を認める画期的なものです。終末期医療の問題を痛感した加藤氏は、死を理解し恐怖の対象としないためのマニュアルを作成し、マニュアルを読む以前とその後に死に対する恐怖心が有意に低下したことを実証しています。

加藤氏の死の恐怖調査は以下のとおりです。「死に対して恐怖を感じますか」という質問に対して、マニュアル（死後の研究成果をまとめたもの）を読む前と読んだ後で、死に対する恐怖がどう変わったかを調べたものです。読む前に死に対する恐怖を「ほぼ感じない」「まったく感じない」とする人が30％だったのに対し、読後には60％になっています。グループごとにみると、医師の変化率は13％と最も少なく、東洋医学系は20％でした。命のリスクがある人は33％、一般の人は42％上昇しましたが、すべてのグループで有意に死に対する恐怖を減らすことができたそうです。

「私たちにとって、もはや死後の世界は、未知のものでも恐ろしいものでもありません。だから死に逝く人との時間を共有するだけでいいのです。ただ、もし、死に逝く人が死の不安を口にするなら、死生学研究の話をしてあげてください。死を受け入れることができれば、本当に素晴らしい最期を迎えることができます」

加藤氏はこのように語りかけていますが、このことは多死社会における幸福のあり方に大いに関係していると思います。

●多死社会における幸福とは

日本では「無宗教」で「死んだらなにも残らずすべてが終わる」と言い張っていた患者でも、自分が末期にあると感じた時、死後に対する疑問や期待を持つようになるケースが多いとされています。「死んだら終わり」と嘯《うそぶ》いていた人ほど「死が怖い」と感じる傾向があり、終末期の患者は、死後の魂の行方についてだけでなく、生涯の実存的な意味についても考えるケースが多いようです。明確な宗教心を持たない日本人は、自らの人生を回顧し話したくなるようで、実存的なストーリーを繰り返し語ることによって人生を確認し、他者に認めてもらいたいと願う気持ちが強いのです。

「長く緩慢な死」が大多数を占めるようになった現在、「生きがい」とともに「死にがい」という概念が必要になってきていると思います。「死にがい」とはこれまでの人生や存在に意味を与えて「死」を納得して受け入れる心構えです。

これまでよりもさばさばと「死」について語り、若い頃から人生をどう終えるかという「死にがい」について真剣に考えることが当たり前にならなければならないと思います。

死に逝く者が最期に静かな時間を過ごし、介助した者もその「死」によって励まされるといった死こそが理想ですが、現実は甘くありません。人生の最期になんとか辻褄を合わせたいと思ってもできない時に、それを包容してくれる大きなものが欲しくなります。日本人は死んだ後について個々別々の考え方を持っていますが、それは社会全体の考えではないから心もとないのです。第三者がなんらかの死生観を伝えるには工夫が必要ですが、専門家が患者自身のイメージをうまく引き出し、患者自身が潜在意識や深層心理において自分が一番望んでいる死生観を見つけ出し、それを受容できるようにすべきです（欧米では「スピリチュアル・カウンセリング」と呼ばれています）。

ダライ・ラマ14世が「いくら欲望が満たされても本当の『幸せ』にはたどり着けないことは20世紀の歴史が証明してくれた」と指摘しているように、刺激による「心の高まり」とは違う静かで穏やかな「心の平和」こそが私たちが追い求めてきた本当の「幸せ」なのかもしれません。「心の健康の時代」といわれているゆえんです。

これまでは結婚や就職といった人生のさまざまな出来事から幸福度を測るのが常でしたが、多死社会の到来により今後幸福度を測る際に「どのような死生観を有しているか」という視点が重要になってくるのではないでしょうか。

世界45か国を対象とした国際社会調査プログラムの宗教意識に関する調査結果（２００８年）で、死後の世界を信じている人が幸福である割合は、そうでない人が幸福である割合の4倍でした。

中長期的展望がないと生きる意味が湧かないのが人情です。「生まれ変わり」の信念を持てるかどうかが日本の幸福度を向上させる鍵になるのかもしれません。

「生まれ変わり」の観念が幸福感に与える影響は高齢者に限りません。

立教大学の大石和男教授のグループは、「ＰＩＪテストという生きがい感を測るテストを用いて生まれ変わりを核とした飯田史彦氏の『生きがい論』を紹介する講義を受けることによって、生きがい感が大きく向上した」という研究結果を公表しています。また、愛媛大学の中村雅彦教授（当時）と四国がんセンター井上実穂氏は、大学生や専門学生８２０人を対象とした死生観に関するアンケート調査に基づき、死後「なにも残らない、肉体とともにすべて滅びる」と考えるグループは、死後「肉体は滅びるが、精神・魂は永続する」と考えるグループよりも人生に関する満足度が低いことを明らかにしています。

この調査は、愛媛県・香川県在住の国立大学生および専門学校生（電子系・福祉系・看護系）８２０人に対し質問票を送付し、８００人（男性３０４人、女性４９６人）から有効回答を得た結果です（有効回答率97・6％。調査は１９９８年6月から7月にかけて実施されました）。

死生観における死後存続概念（死後も存続するという考え方）を有する大学生は、男女ともに「生」に対して肯定的イメージを持つとともに、自己中心的な生き方について否定的でした。

死後存続概念を有するに至った理由として挙げられるのは、「死」に対する経験が多かったことです。テレビ・ビデオなどによる影響よりも近親者の「死」による影響の方が強かったことは、近親者の「死」

は否定的な側面のみを有しているのではないことを意味しています。

死後存続概念を持たない学生の多くが、宗教性を否定し、自己中心的生き方の傾向が強いことが示されたことは注目に値します。

この結果について中村氏は「大切なことはいかにして現代の情報化社会に『ケア』という概念を取り入れ、人間的なつながりを感じることができるかである」と指摘しています。人が１人では死ねない多死社会では、「自己責任」や「自己決定」ではなく、「人間はケアの関係の中で１人の個となれる」という考えが常識にならなければなりません。他人から認められ世界の中に自分の居場所を得ることができるというメリットがある「ケア」ですが、効率を重んじ利益追求が第一の経済至上主義の観点から、評価の対象になりにくいのが実情です。そのせいで人生の喜びの源を遠ざける結果を招いているのは残念でなりません。

人類全体の平均寿命が現在72歳まで延伸しています（１８００年は29歳）。

20世紀に病気、貧困、戦争という三大苦に対する一定の解決が図られたことから、人類全体の関心事項が「命の長さ」から「命の質をいかにして豊かなものにできるのか」にシフトしつつあります。

しかし、残念ながら人生満足度が高い日本人の割合は極めて低いようです。「経済や寿命が大きく改善したのに日本ではなぜ人生満足度が進歩しなかったのか」と世界で注目を集めています。

日本人は、どちらかといえば悲観的になりやすく、真面目で慎重であり、粘り強い人たちであることが遺伝的にも明らかになっています。真面目で悲観的な性格を持っていることは長寿との相関が高いのですが、幸福度が高くなりにくいというマイナス面も生み出しています。「死んだら無になる」と考えていては、日本人の幸福度はますます下がってしまうのではないでしょうか。

優れた芸術作品はしばしば、有限の時間しか生きることができない私たちに永遠を感じさせてくれたりすることがあります。そうすることで私たちは、「今、ここにいること」を強く意識することができ、生き延びようとする意志に力を与えてくれるという良薬のような働きをしてくれます。

「生まれ変わり」の信念も、「ネガティブな未来に対する不安」から私たちを解放し、遠い未来や手の届かない過去を認識させることで、今ここに私たちの目を向けさせ、生きる力を与えてくれるのではないでしょうか。

●輪廻家族という発想

多死社会とともに日本で確実に到来することが見込まれるのが「超ソロ社会」です。

超ソロ社会とは、国立社会保障・人口問題研究所が２０１２年に出した予測を踏まえ、荒川和久氏が２０１７年に命名したものです。２０３５年に15歳以上の全人口の５割が独身者となり（約４８００万人）、高齢者人口（約３７４０万人）を上回るそうです。

社会が超ソロ化する中にあって最も深刻な打撃を受けるのは、団塊ジュニア世代ではないでしょうか。団塊ジュニアとは１９７１年から１９７４年までに生まれた世代を指しますが、「失われた世代」と呼ばれた団塊ジュニアも50歳に近づき、その先の老後が視野に入りつつあります。

そのせいでしょうか、最近「シニア婚活」が話題となっています。

近代社会では、市場経済の浸透によって人々はバラバラな個人に分解されていますが、情緒的な拠り所がないまま競争的な市場社会で生きることに耐えられないことから、私的領域での親密性の希求は強くなっています。現代の社会は独身者でも快適に暮らせる環境が整っていますが、「病に倒れた時、友人たちは病院や介護の手配までしてくれるだろうか」「助け合える付き合いが、看取り合う関係にまで発展するのだろうか」という不安が頭をよぎります。つまり、家族を形成しなかった独身者が、死に至る途上で誰をあてにできるかがまったくわからないのが現状なのです。

自分の時間を自分だけのために使ってきた人は、高齢になると虚無感に襲われやすいという怖い指摘もあります。老化や死は、こだわってきた自立や自己決定をも不可能にしてしまいます。八方塞がりになって後悔する前に、今後の人生のためにどうすればよいのかを真剣に考える人々が増えたことがシニア婚活現象につながっているのだと思います。

そうはいっても他者と親密な関係を築くのは大変なことです。

親密な関係において、社会的な肩書きは無効になり、むき出しの男女が相対し、互いの他者性を組み伏せようとする格闘となるからです。情緒的な絆は、長い時間をかけないと形成できない代物です。その過程で他者との激しい葛藤を経なければなりません。すなわち、自分の世界を他者が侵食し、それを受け入れることを通じてナルシシズムが粉砕された時、はじめて安心感が得られるのです。たとえ喧嘩したり離れていたりしても、お互いに気になり、容易に切れない情緒が形成されることが親密性の核にあります。はじめから完全無欠を望まず、不完全な者同士がパートナーシップを調整しながらつくり上げていくという発想に切り換えるべきです。

安心感とは、互いのあるがままを受容・承認することを繰り返すことによって生じてくる情緒のことですが、持続的な関係を通じた安心感こそ、老いや病苦からくる不安や孤独を和らげ、人生の虚無から守る絶縁体になります。

誰かのことをケアし、サポートするということは、自分と他者との具体的な関係を位置付け、人生に意味を与えるばかりでなく、世代間や社会とのつながりを回復させる効果を有するからです。

性別役割の再編途上にある現代では、結婚というよりも、持続的な親密性と呼んだほうがいいのかもしれません。無限に多様な組み合わせがあり、まさにパッチワークのように多彩な関係、家族像が浮かんでくることでしょうが、日本の伝統の中にヒントがあります。

「日本は共同体と機能集団、または血縁の原理と組織の原理という形で分化していない社会、いわば血縁を1つのイデオロギーにして、実際は血縁関係にないものを擬制の血縁関係で統制してきた社会だった」と指摘したのは『日本資本主義の精神』の著者である山本七平です。長い戦乱を経て平和な江戸時代となりましたが、江戸時代の社会秩序を支えていた思想が「忠孝一致」です。「孝」という血縁の原理を社会全体の原理に適用したのです。

神社本庁は神道信条（英文のみ）を策定していますが、第1条で「神道は信じる。すなわち、人間は神の末裔である。したがって神と人間は血縁関係にある。人間のみならず、郷土も、自然も、神の所産である」と謳っているように、日本人の究極的関心、すなわち、その宗教的価値体系の中心は血縁原理なのです。社会全体が血縁の原理で統制しようとすれば、社会全体が擬制の血縁関係にあるという前提がなければなりません。これがあってはじめて血縁でない社会組織が同族意識でつながることが可能となります。それを可能にするには「生まれ変わり」の信念は有効です。周りにいる人たちはかつて自分と縁があった人たちであると考えるようになるからです。このような発想の延長に、血縁の原理ではない「生まれ変わり」の信念に基づく「輪廻家族（鎌田東二《とうじ》）」という発想も出てきます。「生まれ変わり」の信念があれば、私たちは、自分のため人に優しくしなければならず、その結果私たちの毎日は優しさで包まれるようになります。「袖振り合うも他生の縁」という日本の古くからの言い伝えがこのことを指しているのだと思います。

●根源的な安心感

「反原発」を掲げて2013年に初当選した俳優出身の政治家である山本太郎氏が、2019年夏の参議院選挙で政治団体「れいわ新選組」を立ち上げ、いわゆる「れいわ」現象を巻き起こしました。街頭演説で山本氏が「人間の属性で生きる死ぬを決めるなということですね。『あなたはこういう人間だから早く死んでいい』とか『あなたはこういう人間だから生まれてこなければよかった』というようなことで社会をつくるな、っていうことです」と叫ぶメッセージに集まった聴衆の心が大きく揺さぶられたのです。

この現象について、『「れいわ」現象の正体』の著者である牧内昇平氏は、「その背後にあるものは、現代社会を覆う『生きづらさ』である」とした上で、「人々が求めているのは『根源的な安心感』である」と主張します。

根源的な安心感とは、たとえ私がどんな人間であれ、ここにいてかまわないし、誰からもそのことによって責められないというようにすべての人が思えることです。社会から根源的な安心感が失われていったのは、近代化がはじまった19世紀頃からです。近代化というシステムは私たちに富と長い寿命をもたらしましたが、その過程で安心感がじわじわと蝕まれていきました。近代化は、人々を置き換え可能なコマにすることによって富を蓄積していくシステムだからです。いつでも他人と置き換えられるし、ある条件を満たさなくなったら「おまえはもういらない」といわれる世知辛い社会ですが、このシステムから簡単には抜け出せません。

「生きづらさ」という言葉はこれまで健常者の社会から差別され、抑圧されている障害者に向けられることが多かったと思います。

私たちは「障害者じゃなくてよかった」と内心で思うとともに、健常者という立場を維持していくために非常に多くのリソースを割いているという現実に気づかされます。一方、障害者は生きること自体が毎日大変ですが、生きづらさをはっきり見据えた上で生きることの喜びを感じながら日々の生活を送っているのではないでしょうか。

勝ち組負け組という考え方は、健常者を縛り、喜びを奪います。お金は入ってくるけれど、結局なんのために働いているのかわからないという状況になっているのではないでしょうか。必死で自分を守りながら生きている人に喜びがあるとは思えません。

世の中はすぐ「自己責任」といいますが、強靱な心を持ち、常に選択を行っていかなければ、幸せに暮らす権利はないのでしょうか。

格差社会というのは、「上」の方の人も苦しめるのです。

このように考えると、健常者の方が抑圧されている自分の姿に目をそらしている分だけ生きにくいということに気づかされます。「れいわ現象」は多くの人々が根源的な安心感を満たされる社会を求めていることの証左ですが、現在の日本では高学歴で高所得者の意識の中で弱者との連帯や共感という心性が急激に失われているように思えてなりません。一朝一夕で解決できる問題ではなく、文明論的な課題といえそうですが、きっかけさえあれば人は変わるでしょう。「人生は一度しかない」と思い込んでいることが問題の根底にあるのではないでしょうか。私たちは「死」から目をそらし死の恐怖を意識しなくなっていますが、無意識レベルでは「死」の恐怖に支配される人生になっていませんか。

通常は病的な状態だとは思っていませんが、「死」と直面して生きている先住民と接すると自分たちの異常さに気づかされます。「死」の恐怖を抑制することで無意識レベルで発生する「攻撃性」が暴走する社会になっている恐れがあります。

悔い多く終わる人生も次があると思ったら気が楽になります。人生がいくらでもあると思ったら肩の力が抜けるからです。

●自我のあり方を変える「生まれ変わり」の信念

個人の生き方に対する世間の目がやさしくなり、「どんなふうに生きてもいいよ」という空気が社会に満ちるようになるのはどうすればいいのでしょうか。

「死を想うと人は他者に優しくなる」という研究結果が示すように、混迷する現代を救う道は、生まれる前の自分に思いをはせるような非科学的なゆとりを各人が持つことにあるのかもしれません。「生まれ変わり」が広く信じられているブータンでは、「身内」の感覚が一挙に拡大します。現世の身内だけではなく過去生の身内もメンバーに入ってくるからです。ブータンでは自分の子が同時に他人の子でもあることから、「あの世」を介在して既成の「家族」の枠組みが緩やかに溶け出し曖昧になっています。過去において構築された人間関係や信頼関係などの社会関係資本が当事者の「死」とともに廃棄されるのではなく、「生まれ変わり」という信念を媒介として新生児においても再利用されるというメリットもあります。

世界は生者によってばかりではなく死者によっても共存的に支えられていることに気づくことにより、今まで無関係に思われていたものに、新しい理解と関係が生まれてくるのです。

私たちを縛っている「自我」のあり方も変わってくるかもしれません。「生まれ変わり」の信念により「私」の凝縮性が弱まるからです。私たちは孤独な個我をそっと手放し、人と人との新しいつながりを静かに生み出せるのかもしれません。西平直《ただし》京都大学教授が「『わたし』が複数になるのではなく『魂』が『わたし』になる感覚は愛おしい」と述べているように、私たちが皆究極的な存在の一部であることに気づけば、私たちはもう少し忍耐強く、受容的で、愛情深い人間になることができるのではないでしょうか。「来世利益」という考え方も出てきます。今どう生きるかが来世につながると考えれば、自分の欲望だけをむさぼっているのではなく、欲を満たして得たものを社会にどのように還元できるのかというところまで意識が及ぶからです。

功利主義のモットーが「最大多数の最大幸福」から「最大期間にわたる最大多数の最大幸福」に変わ

れば、世代間倫理の問題の解決の一助になるでしょう。
「生まれ変わり」を認めることで人の生き方が変わるでしょう。「長いタイムスパン」で人生をみることができるようになるからです。

１つの人生だけでみる限り説明のつかないことも、いくつかの人生のつながりの中では説明がつく可能性が出てきます。現世だけを考えてしまうとこの世に生まれた意味がつかみづらいのですが、「生まれ変わり」を信じる人たちは「なんのために生きているのかよくわかる」「なぜ私はこんなに苦しまなければならないのか、今はよくわかる」と述べています。「魂の成長のためにと考えればどんな苦しみも意味を持つ」と考えれば、人生に無駄はないということなのでしょうか。

歴史上「生まれ変わり」の信念が優勢になるのは、伝統社会に政治的・経済的な変動が生じ、流動性の高い社会が出現した時期に当たります。「生まれ変わり」の信念は、地縁・血縁とは異なった原理で共同性（つながりの感覚）を創出するからです。

日本でも昨今「生まれ変わり」をはじめとするスピリチュアル文化が急速に広まっている背景には社会の多様性・流動性が高まり、社会構成員が断片化したことがあるからではないでしょうか。

「生まれ変わり」をしたとされる勝五郎の地元では興味深い活動が行われています。

勝五郎生まれ変わり物語探求調査団が、日野市郷土資料館の委託調査事業として２００６年７月に発足したのです。当初32名だったメンバーは現在60名にまで拡大し、ご先祖様の「生まれ変わり譚」に集中して取り組んでいますが、血縁を超えた家族としての付き合いが生まれているそうです。

●平田篤胤という先駆者

ヴァージニア大学の知覚研究所を「生まれ変わり」の研究の世界的な拠点にしたスティーブンソンが研究をはじめるきっかけとなったのが日本の事例に出会ったことだったことは第1章で述べました。

小泉八雲が1898年『ブッダの畑の落穂拾い』という随筆集を英語で刊行しましたが、その中に『勝五郎の生まれ変わり』の話が収録されていました。この本を手に取り、勝五郎の再生譚に好奇心をかきたてられたのがスティーブンソンだったのです。

小泉八雲が書いた『勝五郎の生まれ変わり』の元になっているのが、平田篤胤《あつたね》の『勝五郎再生記聞』(1823年)です。江戸時代の「生まれ変わり」の記録として最も有名なものであり、民俗学研究のさきがけとしても評価されています。

話の舞台は1822年11月、現在の八王子市東中野です。現在の多摩動物園付近で幼くして亡くなった藤蔵が、山1つ越えた現在の八王子に勝五郎として生まれ変わったのです。前世の記憶を語るという勝五郎少年の噂は江戸にまで広がり、勝五郎が江戸にきていることを耳にした平田は自宅に招き、聞き取り調査を行ったのです。

江戸後期の国学者として知られる平田の学問の目的は、霊魂の行方や在り様を探ることによって、おのれの内なる「大倭心」を確立し、自らの内に「霊の真柱」を築くことでした。鬼神妖怪に惑わされない確固とした精神こそが「大倭心」であり、「大倭心の鎮り」とは鬼神妖怪や幽冥界の存在を確信することによって安心を得るとの考え方に基づいています。「『安心をつくる』思想を得るためにはなによりも死の問題を解決しなければならない」と考えた平田は、国学者の中で「生まれ変わり」が事実として存在しうると認めた唯一の存在だったとされています。

平田は霊魂の世界を大まじめに研究しました。勝五郎の事例だけではなく、天狗にさらわれた江戸の下町に住む虎吉という少年が語る、奇妙な体験談を真剣に聞いたのです。

平田とともに実証的な文献研究で著名な学者であった伴信友も参加していました。幕末の日本の学者たちは、霊魂の世界も現実の世界も、研究の対象にしていたのです。

この世に起こるすべての事象の理を知ろうとしたあまりに結論の出し方が短兵急過ぎたと批判されることが多い平田ですが、意外なことに1つのことに理を持って徹底的に究明しようとする西洋人の学問的態度を称賛していました。

当時の国学者たちは、儒学を批判し自説を主張する際、洋学の進取性や実証性を利用しました。儒学や仏教を偏重する日本社会の一般的風潮を批判するという共通の問題意識を持って、新興の学問思想として同時期に誕生したのが国学と洋学だったのです。

平田も可能な限り科学的研究方法を用いて真実を解明しましたが、それでもわからないものについても諦めずに「どのような方法で解明できるか」と格闘したのです。

「以前は未知の領域であった事柄が蘭学の発展によってしだいに解明されてきており、ついには幽冥界のことまで知ることができる時代が到来した」と考えていた平田に勝五郎少年の情報がもたらされたのは、48歳になった年の初夏でした。「死後の霊魂の行方がわかる、これはなんとしてでもフィールドワークしなけりゃならん」と調査に精を出し、勝五郎を何年もそばに置いて、インタビューを繰り返しました。結論に至るプロセスはむしろ慎重すぎるほど慎重だったのです。

平田の思想の特徴は「幽冥界」という死後の世界を構想したところにあります。大国主神が治めるとされる幽冥界は現世に生きる山や川や空を背景とした私たちの生活から離れたところにはなく、今私たちが生きているこの空間に隣接して存在しており、亡くなった人たちはこちらからはみえないけれどすぐそばでこちらを見守っているとしています。人間の死後について明らかにすることは当時の人々にとっても最大の願望でしたが、平田が唱える思想はこれに応えるものでした。

柳田の処女作である『遠野物語』は平田の著作が影響しているといわれています。柳田の父は平田派の影響を受けており、柳田は1905年に『幽冥談』において平田流の幽冥観も論じています。

●明治維新の原動力となった平田の思想

平田には死後の門人が多くいました。幕末の関東の農村では間引きが広がる傾向にあり、村役人たちを悩ませていました。荒廃した村の立て直しのために村役人たちは、平田の幽冥学を根拠にして「間引きをすれば神の罰を受ける」と村人に訴えかけることによって、間引き防止や捨て子養育所設立の運動を展開したのです。

「われわれはその一挙手一投足をあの世から監視されている。だからこそ身を清め心を正直にしなければならない」

平田の思想は「死者の魂によって現世の私たちの生は成り立っている」ということに気づかせてくれ

ます。平田はさらに「新しい古」を唱えます。

「新しい古」とは、新時代に対応するため外国の新知識を積極的に摂取する一方、日本のアイデンティティ・伝統文化を保全、継承するという考え方です。

平田に惹き付けられて入門する者の中には、「現実社会で民衆が幸せになるにはどうしたらよいか」という思考を常にめぐらせ、時には支配者に向けた行動を起こす者が少なからずいました。「古代に帰って現代の生活を根から覆し、まったく新規なものをはじめよう」とする平田の主張を彼らは「そういう共同社会を取り戻すためには天皇を担いだ民衆の革命が必要だ」と受けとめたことから、「新しい古」という思想は明治維新をもたらす原動力の1つになったのです。

このことが災いしたのでしょうか、平田は明治時代に成立した国家神道の源となった人物ということで戦前の日本の諸悪の元凶とされてきたきらいがあります。

近代社会でバラバラになった個人にとって救いになったのはナショナリズムでした。目先の利害にのめり込み、「なぜ生きるのか」の指針を失った人々に対して国家が「死の意味付け」を与えたのです。「わたしの『死』は多くの人に悼まれ、生きてきたことにも意味がある」という具合に、です。ナショナリズムは「死」を媒介としていますが、大きな存在のための犠牲としてしか自身の価値を認められなくなることは、私たちにとって決してよいことではありません。

19世紀以降国民は義務として戦争に駆り出されることになるとともに、国家のために死ぬことが美徳されるようになりましたが、とどのつまりは2度にわたる世界大戦でした。

和辻哲郎が戦後『日本倫理思想史』の中で平田のことを遺恨をこめて「変質者」または「狂信の徒」と

攻撃を加えたことから、近代日本における国粋主義的イデオローグとされてしまっていますが、平田の思想は日本古来の精神に立ち返ろうという純粋な思想であり、戦争を鼓舞するものでは決してありません。

●社会変革に資する「生まれ変わり」の信念

現在のキリスト教は「生まれ変わり」を否定していますが、イエスの「復活」がなければキリスト教は誕生しなかったという興味深い事実があります。ペトロなどの使徒はイエスの復活により、それまでの優柔不断な輩から大きく変身し、後の生涯をキリストに捧げ、永遠の命を信じ、迫害に耐えてそれを人々に伝えながら殉教していったのです。強烈な回心体験を経て使徒となり後に殉教したパウロにとっても、「イエスの復活」という確信が信仰の核をなすものでした。イエスがアダムから続く原罪を十字架の死によって購ってくれたおかげで、キリストを信ずる人は、「肉」が滅びた後でも「永遠に生きる」ことができるようになったからです。

当時のローマ人にとっては、「死者の復活などあり得ない」というのが常識でしたが、「死後の生」を信じることでキリスト教の共同体は、ローマ社会にすさまじいインパクトを与えたのです。それまで地縁血縁関係の環の1つでしかなかった個人の「生」に大きな意味が付与されたのです。

近代になると「生まれ変わることによって魂が成長する」という発想（心霊主義）は19世紀前半のフランスで生まれましたが、これを強烈に支持したのは初期の社会主義者たちでした。

彼らはフランス革命以降の社会的混乱の中で、カトリシズムに代わる新しい世界観を模索していたからです。サン・シモン・フーリエは共産主義社会の祖型を考案した人物として知られていますが、唯物論ではなく、霊魂の輪廻転生を前提とした独自の宇宙観を提唱していたのです。

同時期に英国で活躍していたロバート・オウエンが最終的に行き着いた先も当時流行していた心霊主義でした。心霊主義の流行の背景には、「啓蒙主義の限界を超えるところにこそ真理がある」という感性が重要な役割を果たしていました。「互いに慈しみ合いながら生きる理想的な共同体をつくるためには、理性では捉えられないものに真理を求めるほかはない」との心理が強くなっていたからです。

このように西洋のＤＮＡには「キリストを信じる者は永遠に生きる」という命題が刻まれ現在まで残っているのです。

多くの伝統社会では個々の死者がなんらかの形で「再生」すると考えられてきました。どんな文明を持つ集団でも、人々は超越世界の助けを必要とします。「死」や死後の運命を視野に入れることで人々の傲慢さを抑制して広い連帯に頼ろうとしてきたのです。

論理的な意味合いだけでなく情的な次元での変革がなければ、私たちの立ち居振る舞いは変わりません。私たち人間は理屈だけで救われるほどに頭脳が発達した生物ではないからです。

英国のチャリティーズ・エイド・ファンデーション（ＣＡＦ）は、２００９年から１２５か国以上の国々を対象に各国の寛容度を採点しています。ＣＡＦは２０１９年10月に過去10年間の集計結果を公表しましたが、「この１か月の間に見知らぬ人または助けを必要としている見知らぬ人を助けたか」という項目について、日本は１２５位と世界最下位だったという衝撃的な事実が明らかになりました。

「社会的孤立度が日本は先進諸国で最も深刻になっている。現在の日本社会のさまざまな問題の根底にあるのがこの点にある」と指摘する『人口減少社会のデザイン』の著者広井良典は、「規範や倫理というものは、時代を通じて一律なのではなく、その時代の社会経済の状況に依存して生成される」と主張します。

人間の倫理や価値、科学のパラダイムといったものは、歴史的な文脈の中でその時代の社会経済状況と深くかかわりながら生成されるものであり、時代状況における人間の「生存」を保障するための手段として生まれるものです。、世界的にみても孤立化が目立つ日本で「生まれ変わり」の信念をベースにした新たな規範や倫理の構築が求められています。

●私たちは運命共同体

社会保険の原型は、中世の欧州都市で誕生したギルドの互助制度だといわれています。同業者の集まりであるギルドは、同じ職業という社会的関係と同じ守護聖人を持つという宗教的関係によって結ばれていました。ギルドの構成員は祭事や埋葬に参加し、相互扶助の義務(怪我人や病人をケアし、高齢者や構成員の遺族の生活を支える)を負っていたのです。弟子たちがマイスター(師匠)の老後の面倒をみる行為を繰り返してきたのですが、現在の日本では上意下達のマイスターと弟子のような関係ではなく、もっと緩やかな仲間のような集団の方が望ましいのかもしれません。

社会集団は本来成員の中で最も弱い者でも自尊感情を持ちつつ生きられるように制度設計されていたはずです。例えば、欧州の基礎自治体が自律性を発揮しているのは、カトリックの教区を基にした行政単位だからです。街の中央に教会があり、教区民がそれを中心に統合されています。この宗教的共同体がそのまま行政単位になっています。

日本の場合でも、基礎自治体の多くは墓地や祈りの場を核にして出来上がったのではないでしょうか。霊的なものを中心とした周囲に同じ死者たちを悼む者たちの集団が形成され、ともに祭祀儀礼を守り、その集団が行政単位になったのでしょう。コミュニティは世代を超えて継承されていくものによって統合されています。住民間の自発的な相互支援や相互扶助のネットワークを支えるのは「私たちは運命共同体だ」という思いです。日本では「人が貧困に陥るのはその人の努力が足りないからだ」という考え方がいまだに根強いのですが、近年、高齢者の孤立が進み、自らの死を準備することが困難な人が増えています。「死に至るまでの長い過程を介護される」ということは決して特別なことではなくなりました。「自分もそうなるのだ」という社会の共通認識が求められています。

これからの日本は「不完全な自分、不完全な他人を認める社会」になっていかなければなりません。「進化論」を提唱したチャールズ・ダーウィンは「同情できる人が一番多くいる地域社会が、最も繁栄し、多くの子孫を残すだろう」と述べたように、「適者生存」は共感や同情こそが人間の有能な資質であるとの考えに基づいています。

ドイツを代表する学術研究機関であるマックス・プランク研究所が「人間の脳はどんな時に幸せを感じるか」について研究を行ったところ、「苦しんでいる人に寄り添って支援する時」だということが明らかになっています。

私たちは「自立」という言葉の意味をもう一度考え直さなければなりません。

「膨大なものに依存しているのに私はなにも依存していないと錯覚することが許されている状態が『自立』である」と指摘するのは、知的障害のあるアーティストを支援する今中博之氏です。依存することができる多くのものや人に囲まれ、これらを自ら能動的に活用できる状態こそが「自立」だというわけです。今中氏はこれまでの経験に基づき、「社会資本のマキシマムな数は150人であり、言葉によってつながっているのではなく、過去になにか一緒にした記憶によって結ばれている。スピリチュアル性が社会のエトス機動の重要なポイントである」と主張しています。

平田が問おうとしたのは擬制として親族共同体を成り立たせている最も深い基盤でもありました。そう考えれば平田篤胤の思想は現在の閉塞状況をこそ突破できるヒントを与えてくれるものとして捉えることができます。

「生まれ変わり」の信念を再生させることにより、日本において「社会関係資本」を活性化させることができるのではないでしょうか。

第4章ではAI化が進む経済社会において、「生まれ変わり」の信念がどのような役割を果たすのか述べてみたいと思います。

第4章 「生まれ変わり」がもたらす経済のインパクト

●重要性を一層高めるプロダクト・イノベーション

「経済成長を生む出すために最も重要な役割を果たすのが新しい財やサービスを生み出すプロダクト・イノベーションである」このように主張するのは『人口と日本経済』の著者吉川洋氏です。先進国経済にとっての頭の痛い悩みは「需要の飽和」ですが、最も根本的であるにもかかわらず、最も分析が難しく、しかも最も解決が難しい問題です。イノベーションとは「経済的な価値を生み出す新しいものやサービス」のことであり、経済的価値とは社会的な総余剰を増やすことです。社会的余剰を増やすためには便益を増やす（需要曲線を上方にシフトさせる、プロダクト・イノベーション）か、生産性を上げる（供給曲線を押し下げる、プロセス・イノベーション）ことが必要です。プロダクト・イノベーションとプロセス・イノベーションの間にトレード・オフが存在していることが指摘されています。

人口の下方圧力に負けずに新たな成長を生み出すために必要なのは、生産技術上のプロセス・イノベーションではなく、需要面におけるプロダクト・イノベーションです。

客単価の高いサービスを提供する社会のニーズに応えるプロダクト・イノベーションが求められていますが、吉川氏は「すでに現実になりつつある超高齢社会において人々が『人間らしく』生きていくためには、今なお膨大なプロダクト・イノベーションを必要としている」と主張します。

35年後の日本人は現在の2倍という高い購買力を持っている可能性が高く、そうした高い購買力を持つ彼らがいったいどのようなものやサービスを求めるのでしょうか。彼らの潜在的な需要に応えるようなプロダクト・イノベーションを起こすことを日本の企業がなしうるのでしょうか。

シュンペーターは「イノベーションの担い手にとっては、金銭的なリターンもさることながら、なによりも未来に向けた自らのビジョンの実現こそが本質的だ」と述べましたが、ラディカルなイノベーションは生まれた段階ではほとんど評価されることはありません。しかし私たちを取り巻く環境の変化の多くは、このようなイノベーションの担い手によって生み出されているのです。

●デジタル経済の限界

資本主義は競争によってすばらしい科学技術を次々と生み出し、世界を豊かにしています。しかし技術が持っている仕組みや発想法を通して社会や自らのことを捉えがちになるという弊害も生じています。人間は自分がつくり出したもの（技術）を「ものさし」にして、それを模倣し、それに従属して自らを改変しようとする悪い癖があるからです。技術導入の価値基準が合理性や効率であることから、人間はドライで冷たい思考になりやすくなっています。さらにデジタル技術の場合、その進化が高速すぎるために人間の思考からゆとりまで奪うようになっています。

左脳を中心に鍛える知識偏重の教育に、人間の左脳機能に近いＡＩが加わると、右脳がかかわる人間の心が追いつかなくなり、社会のバランスは非常に悪くなる可能性もあります。

現在の資本主義を牽引しているのは間違いなくデジタル技術ですが、その成長には限界がありそうです。デジタル技術（情報通信技術）の発達によってもたらされているＳＮＳ（ソーシャル・ネットワーク・サービス）や検索エンジンなどのサービスに共通する特徴が「価格はゼロだ」ということだからです。しかし、無料にもかかわらずグーグルをはじめとするデジタル財を供給する企業は非常に儲かっています。その収益源は広告収入です。ユーザーの検索履歴などのデータをマーケティングに使うことで得られる利益が大きいのです。ユーザーが広告視聴という対価を支払っているのは確かですが、その対価の額はグーグルの検索サービスがもたらす効用と釣り合っているのでしょうか。

グーグルのチーフエコノミストを務めるハル・ヴァリアン氏の試算によれば、同社のサービスがもたらす効用が１５００億ドルだとした場合、それにより得られる実際の広告収入は３６０億ドルに過ぎません。このことは大儲けしているはずのグーグルでさえ実は「大安売り」をしており、本来もっと儲かってもおかしくないということを意味します。グーグルの持株会社であるアルファベット社ＣＥＯのラリー・ペイジ氏は２０１４年11月「20年後の世界はほとんどが機械によって代替され、巨大なデフレが起きる」との懸念を述べています。

このことから、デジタル経済が進むことによって、資本主義経済全体が干上がってしまい、最終的には行き詰まってしまうとのリスクがあるのです。

米国のシリコンバレーでは、「コンピューターは人間より客観的で優れた判断ができる」という「テクノショーヴィニズム（技術至上主義）」が盛り上がっています。「完全に自動化されたシステムが良く、人間はそのシステムの中で重要である」とするシリコンバレーのデフォルトの政治的立場は、テクノ・リバタリアニズム（テクノロジーがもたらす解決法が最も合理的で、政府の機能はいらないか、小さくてよいとする自由至上主義）です。

非常に少数の同質のグループがあって、ほとんどが白人の数学者です。シリコンバレーに住んでいるテクノ・リバタリアニズムは、自分たちをあたかも「神」だと思っています。なんとも恐ろしいことです。

●技術動向に基づく未来予測

ソサエティ５・０という名称を読者の皆さんはお聞きになったことがあるでしょうか。２０１６年１月に政府が「第５期科学技術基本計画」において提唱した「来たるべき社会」のことです。ソサエティ５・０の基本となる仕組みは、現実の世界からデータを集め、それを計算機の中で処理し、その出力を社会で活用するというものです。ＩｏＴ（あらゆるものがインターネット経由でデータ通信を行うシステム）で集めた情報や知識に変換され現実世界を動かすことから、「データ駆動型社会」ともいわれています。

しかし狩猟社会や農耕社会のような具体的な名前がついていないことからもわかるように、その内実はいまだに曖昧です。ソサエティ５・０の発想は、あらゆる知の中で自然科学の知識に突出した価値を置く考え方です。「なにごとも技術が解決してくれる。そして解決策は必ずや革命的なものになる」という楽観的な前提があるといわざるを得ません。

アルゴリズム（コンピュータの処理手順）は精度や厳密さ、一貫性の点で優れており、関係者の多くは「データが多ければ気づきやひらめきが多くなる」と信じていますが、ビッグデータ解析の射程に入っているのは、私たちが意識して実行した行動だけです。しかし私たちの行動は数え切れないほどの対象と関係から生まれるものであり、身体の記憶に基づくものもしばしばです。事実は常に社会的な文脈の中に存在するものであって、そうした事実を個別のデータに切り込んでしまっては無意味で不完全なものになる場合が少なくないと思います。つまり、アルゴリズムによる問題解決法は固有性を削ぎ落とされたデータを分析するものに過ぎなく、社会を読み解く手段としては不十分なのです。「技術」という視点だけで未来予測を行うことにも大きな問題があります。

これまで描かれてきた未来予測の問題点は、社会の変化に応じて人間の価値観（どのような意味での幸せを求めるのか）が大きく変わるという視点が欠けていることです。高度な社会性を獲得した人間は、現在も絶え間なく変化しています。例えば「恐怖」の対象について考えてみると、今や自然の猛威や捕食者に殺傷されることではなく、社会の中で自分の居場所を獲得できない（存在を無視される）ことに変化しているといっても過言ではありません。未曾有の多死社会に突入する日本で必然的に生ずる価値観の転換を視野に入れなければ、今後起こりうる変化を予測するのは不可能です。

世界は過去2世紀にわたり「近代化」を進めてきました。近代化とは技術に導かれた経済成長（産業化）とこれに関連した政治的・社会的な変化の総体のことを指しますが、近代化した社会で最も大切とされているのは合理的思考です。無敵と思える合理的思考ですが、最も苦手とするのが「死」です。実証的な分析を行うことができないからです。

ハラリ氏は、人類がほかの動物と違ってここまで発展できた最大の要因として、人類の「虚構を信じる力」を挙げていますが、社会を形づくっている虚構が一気に別のものに切り換わることが歴史上何度も起きてきました。

●ＡＩ化の進展でわかってきた人間の強み

多死社会が到来する日本で大きなインパクトを与えとされているのはＡＩ化の進展です。ＡＩとは「人間が行う知的作業をコンピューターにさせる技術」のことです。ＡＩの話題は今でも盛んですが、現場では「データさえ集めればあとはお任せ」というＡＩを万能視する風潮を疑問視する声が出はじめています。「膨大なデータを集めることで環境の変化をすべて予測する」という力技によって支えられているのが現在の第三次ＡＩブームです。ＡＩを構成する理論的な背景（ニューラルネットワーク）は60年前の第１次ブームからほとんど変わっていません。第三次ＡＩブームで注目を集めているディープラーニングもニューラルネットワークの発展型です。そのニューラルネットワークですが、学習の仕組みは人間の脳の学習の仕組みと同じかどうか実はわかっていないのです。あくまで「仮説」に基づいて設計されたものです。

そもそも人間の脳はデータを学習するだけのニューラルネットワークのように単純ではありません。人間の脳は大脳や小脳、感情の形成にかかわる扁桃体やそれを支える脳幹を軸にしたさまざまな部位から成り立っています。脳幹の神経細胞は脊髄・延髄を通って体中に神経のネットワークを張り巡らせており、体中の神経は外部の環境と相互作用しています。これにより人間は与えられたデータだけでなんとかして答えを導くことができます。さらに新しいデータを得るたびに正答率を上げていくことも可能です。

現在話題となっているＡＩが得意なのは画像解析や音声解析などですが、自然言語解析についてはあらかじめ与えられた構文のどれに近いかを判定して対応するだけです。依然として言葉を理解できないでいるのです。「ものを見る」という行為１つをとってみても、単に画像を処理するだけではなく身体による豊かな経験が不可欠であることもわかってきています。「世界」は自ら能動的に働きかけを行うことによってはじめて認識できるものであり、身体を持たず人間のような経験を伴わないニューラルネットワークは画像解析はできても外界が意味することを理解するのは不可能なのです。

環境との相互作用ができる身体を持つことを「身体性」と定義すれば、現在のAIには身体性は存在しません。このことは特に創造性の発露という点では大きなマイナスです。創造性といわれるとついつい頭脳を駆使する作業と思いがちですが、日常生活に遍在している身体知（身体の発露として生ずる知）が今後大事になっていくと思います。「主客未分」という概念は、武道の技術的な工夫の結果から出てきたものであり、極めて身体的な実感のある言葉です。「長期にわたって身体の中にすり込んでいってそれが蓄積して発酵して化学変化が起きてはじめてわかる」という意味ですが、従来の日本では「身体知」をこのように表現していました。現在のAIには感情や情動を司る身体機構も装備されていません。現在実用化されているAIは特定用途に対応するいわゆる「弱いAI」ですが、今後人間のような意識を持ち汎用型のタスクに対応できる「強いAI」は誕生するのでしょうか。

結論を先に述べれば、ロボットの身体が人間のように自律神経を備え、時間とともに変化しなければ、人間が有する意識を獲得することは不可能のようです。意識は、個体が発生してから死に至るまでの過程を通じて獲得できるものであり、自らの死を理解してはじめて獲得できるものだからです。強いAI誕生に不可欠な「死」の認識。人間はいつからこのようなものを持つようになったのでしょうか。

「死」の認識は人間の記憶と関係があります。人間の記憶は短期記憶と長期記憶に分かれますが、長期記憶の１つである「自伝的記憶」が「死」の認識と関係しています。人類は約４万年前に自伝的記憶（自分を過去だけでなく将来にも投影する能力）をものにしました。これにより将来を予測して将来の計画をうまく立てられるようになりましたが、同時に「死は自分という存在の終わりなのだ」ということがよくわかるようになったようです。子どもの自伝的記憶の発達に関する研究では、６歳未満では「死」を理解していないことが多いのですが、９歳を過ぎる頃からその認識が深まることがわかっています。「死」の認識を共感できなければ、死に逝く人に寄り添うことはできません。

このようなことから、ＡＩロボットは多死社会に対処する有力な策にはなりえないのではないでしょうか。賢く、自らを意識し、思いやりがあり、自らを省みることができ、将来について思いを巡らせ、過去を振り返ることができる「自伝的記憶」を持っている人間は、「死に対する不安」という副産物から逃れられない運命を背負うことになりました。人間は未来を想像する力があることからしばしば絶望する一方で、問題解決の展望があれば希望を持つことができます。

死ぬことがつらいことに変わりはありませんが、「有限な人生」という意識は自らの人生を「固有の物語」で彩っていこうとする意欲の源泉になることもまた事実です。死ぬことがなくこのまま生き続ける状態では「やっておくべきことはなにか」とか「会っておくべき人は誰か」というような発想は生まれてこないでしょう。

愛する者の死は心の奥底にあっても一度も表現したことのないような気持ちを引き出し、残された者に決意や絆を生じさせる契機にもなります。宿命を引き受ける構造（有限の生）があるからこそ、目の前に広がった有限の世界の中で「生」をなるべく充実したものにしようという計画性や意欲が生まれてくるのです。「死」があるからこそ人間の「生」には意味が与えられるといっても過言ではありません。ハラリ氏は著書『ホモ・デウス』の中で、人類史を俯瞰しながらテクノロジーを用いて世界や自分自身をつくり換えていく人間の営みを描いています。彼の議論の中で重要な意味を持つキーワードは「不死」ですが、不死は桃源郷であるというよりも「『生まれ変わり』による新陳代謝のない世界」です。恐ろしいほど退屈なものだと思いませんか。

●AI時代の到来で高まるケアの価値

「価値創出の源泉が『ものをつくり出す能力』から『意味を創出する能力』へシフトしている」

このように主張するのは『ニュータイプの時代』の著者山口周氏です。今日を生きるのに大きな心配がない」という人類の長年の夢が現実のものになり、人類ははじめてものが過剰な時代を経験しています。「科学の力で不便や不満を解消することを意味する文明化が飽和したことは、テクノロジーの水準はもはや顧客が重視する価値軸ではなくなってしまったことを意味する」と山口氏は主張します。

一方で「人生においてなにか本質的に重要なものが抜け落ちている」ような感覚が社会で強まっています。「テクノロジーの劇的な発達とは反対に日本が衰退の一途を辿っているようにみえるのは『人生の意義とはなにか』という最も根本的な課題に向き合っていないのではないか」との指摘もあります。「人がどのように生きるべきか」はサイエンスの仕事ではありません。自らの五感をフルに働かせて社会や未来を全体的に把握しようとする試みの重要性が高まっています。世の中の要請に対して相対的に希少な能力や資質は高く評価されますが、ものが過剰となる一方で「意味」が希少となった現在、必要なのは「論理と理性」ではなく「直感と感性」です。

山口氏は「機能価値から感性価値の時代となった。資本主義の内部にある定義に見直し、資本主義がもたらす豊かさを回復させることが重要である」と主張します。

AI時代の到来で「人間が大量失業する」との懸念が出ていますが、「どうでもよい仕事が増えている」との指摘もあります。英国の調査会社ユーガブによれば、「自分の仕事が社会に意味のある貢献をしているかどうか」という質問に対して37％の人が「まったくしていない」が、「どちらかわからない」が13％、「間違いなく貢献している」と答えた人は50％に過ぎなかったそうです。「働く英国人の37％、オランダ人の40％、ベルギー人の30％が自分のやっている仕事はまったく意味がないと感じている」という調査結果もあります。実際にはなにもしていない人の方が具体的に役立つことをしている人よりもはるかに給料が多く、仕事が社会に貢献している割合ともらっている報酬が逆相関になっており、どうでもよい仕事に就いている人々も本当はなにか人の役に立つ仕事をしたいが生活のために仕方なく給料の高い仕事をしているケースが多いそうです。それでは意味がある仕事とはどのようなものでしょうか。

多くの識者が異口同音に述べている分野はケアです。

ノーベル経済学者のポール・クルーグマン氏が「仕事が求められている分野の多くはケア、一対一で面と向かって行うパーソナル・ケアサービスだが、AIが取って代わるようなビジョンは今のところない」と指摘しているように、自動化が進むほど、忍耐のいる仕事（ケア労働）が必要になってくるでしょう。そういう仕事はたとえロボットができるようになっても多くの人は敬遠する傾向があります。ケア分野で一番大切なのは「その人に注意を払い愛情を与える」ことだからです。

しかしケア労働には正当な報酬が支払われていません。価値の基準として使われる価格は、人間がものやサービスに対して主観的に付ける点数（主観的な評価）を表しているとされますが、私たちはその価格がどのように決まりどのように変動するかはよくわかっていないのです。

経済の現場で意思のある者が多く取り、意思のない者は少なく取る傾向が強いのが実情だからです。

19世紀末の英国経済を分析したマルクスは、当時の資本主義的生産の最も先進的な形態である工場で働く人々の労働が「価値」を生み出しているに気づきました。これをもとにいわゆる労働価値説を展開しましたが、現在の資本主義は「工場労働」から「非物質的な労働」へとその軸足を大きく移行しています。人間らしいコミュニケーションを重視する労働、すなわち、ケアの提供が労働における主要な要素になっているにもかかわらず、市場はこの変化に適応できていないのではないでしょうか。

●ケアとはなにか

「ケア産業は、経済または産業社会そのもののあり方を変えていくようなインパクトを持っている。経済の中で今後最も拡大が予測されている『ケア』という領域は、いわば消費社会の最後に残された、最大の消費分野である」

このように指摘するのは『ケアを問いなおす』の著者広井良典氏です。

戦後の日本でも、経済の成長に伴い、家族の機能が外部化・市場化されてきました。広井氏によれば、

①ものづくり（自給自足）の一部にはじまり、その後、②教育・保育、③高齢者の経済的扶養（年金）、④高齢者の身体的扶養（介護）と進みましたが、いよいよ⑤心のケアという最終段階に入りつつあります。

ですがこの20年以上前の「予言」は実現していません。

我が国のターミナルケアに関する議論は、技術的な話（延命治療のあり方など）が先行しすぎであり、「死」とはそもそもなにかという、ターミナルケアの本質ともいえる点についての対応が遅れがちだったからではないでしょうか。「ケアとは人間にとってどういう意味を持つものなのか」という基本的な問いかけが、日本ではほとんどなされてこなかったのです。

ケアという言葉は一般的には「看護」や「介護」などを指すとされていますが、もともとの意味は「配慮」「関心」「気遣い」などと広いのです。ケアされたい欲求というのは、「自分という存在を誰かに認めてもらいたい」「自分という存在を肯定され続けてもらいたい」「『自分はケアされている』という絶対的な確信を得たい」という人間の性に基づいています。

人は「ケアされている」という感覚があってはじめて生への肯定感が強固なものになります。ケア、特に終末期ケアは、永遠なものと「いま・ここ」にいる私がつながるようになることで、根源的なマイナス性を帯びているように思えたこの世界が反転し、もう一度絶対的なプラスの価値が付与される営みです。

終末期ケアにおいて重要な意味を持つのは、いつでも死を迎えられる心の準備が可能となるよう配慮することです。苦しんでいる人たちの人生の同伴者としてなぐさめたイエス・キリストは究極の「ケアラー」だったとされています。エジプトにおけるピラミッドや中世欧州における教会がいくらつくられても便益が減少しなかったのは、人々のケアに対する欲求が際限のないものだったからではないでしょうか。人間の心には何千年も変わっていない宗教的琴線のような部分があると思われますが、問題はこれにどのようにアクセスするかです。

「時代が求めるのは自分一人で完結する男性的な死生観ではない。他者との関係性を前提に、かけがえのない『いのち』を一所懸命に生き、他者の『いのち』との出会いを大切に思うという、いわば女性的な死生観である」と主張するのは『老年哲学のすすめ』の著者大橋健二氏です。生命という言葉が目に見える身体《からだ》を指すのに対し、「いのち」という言葉は物質的な「生命」とともに目に見えない「もの」を含んでいます。

老年哲学とは、家族・周囲に世話となり迷惑をかけて当然であるという情けなくも弱いおのれの「個」を甘受し、どうすれば世話と迷惑に値する存在になりうるかということについての考え方です。高齢者は、覚悟を持って「弱さ」の哲学を学び、「弱い個」を生きる主体として生まれ変わらなければならないというわけです。人生が90年、さらには100年になり、長い時間をかけて「死」について準備することができるようになった現在、終末期の過ごし方に大きな変化をもたらせるため、宗教的琴線に共振できる方法を検討すべきではないでしょうか。

●ケアの価値を高める死生観

医療関係者はしばしば患者から「私は死んだあと幸せになれますか」と聞かれるといわれます。家族も苦悩を抱えることが多いのですが、なにかをすれば解決するとか、答えが得られるというレベルではありません。

目の前で不安そうにしている人を安心させなければなりませんが、医療上の処方箋や治療のガイドラインは存在しません。難問中の難問です。

多死社会が到来しつつある日本では、「スピリチュアル・ペイン」という言葉が広まりはじめています。メディアではスピリチュアルペイン（魂の痛み）のことを「生きる意味を失うつらさ」や「死の恐怖」または「自分の無価値感」などと表現されています。

医療関係者からも発言が相次いでいます。

『スピリチュアルペイン』の著者細田亮氏は、スピリチュアルペインを以下の３つに分類します。

①死への恐怖（死んだらどうなるかわからないがゆえの不安）
②生きている意味を見いだせないつらさ（衰えていく自分を受け入れがたい気持ち、周囲に迷惑をかけていることへの申し訳なさ）
③思い残し（元気なうちにやっておけばよかった、もうできないという絶望、今からでは取り返しがつかないという人生に対する後悔）

「どのように生きたとしても最後は死んでしまう」「なにを達成しようとどれほど努力しようと、結局死が私たちを無に帰してしまい、なんの違いも残さない」という無慈悲な構造に私たちは耐えられないのです。

認知症診療の第一人者である精神科医の長谷川和夫氏が自ら認知症になった後に「認知症になり死の不安や恐怖が和らげられている。認知症は神様が僕のために用意してくれたのかもしれない」と語っていることは示唆的です。医療や介護の現場からは「死生観や死後の世界をどう考えるかによって痛みの内容や強さも変わってくるものであり、周囲のかかわり方や寄り添い方も変わってくるのではないか」「死後の世界が幸福感に満ちていると思っていれば死んでも幸せになれる。楽になるから怖くないという感情が湧いてくる」との声が聞こえてきます。

広井氏は「現在迎えつつある高齢化社会は新たな世界観やコスモロジーというべきものを再構築していく時代に違いない」と主張します。

戦後日本では、死を賛美した戦前のトラウマがあり、高度成長期を中心に圧倒的に唯物論的な死生観(死＝無という理解、その典型が団塊世代)が強くなりましたが、これまで死といったテーマを忌避してきた団塊世代も自らの老いや死に直面しつつあります。「看取り」が社会の中で日常的な現象となりつつあり、「死」は「生」よりも存在感を高まっていますが、看取りや死生観についての社会のコンセンサスがなくなっていることから、私たちひとりひとりがそれぞれのやり方で向き合っていかなければならない状況になっているのです。

死生観への関心が自ずと高まっており、こうしたテーマが世代の違いを超えた共通の関心事となる可能性があります。多死社会の到来で、戦後はじめて死生観についての価値が高まる時代になりつつあるのではないでしょうか。

●介護は多死社会における基幹産業

２００８年をピークに人口減少時代に入った日本。

人口構造の変化は経済構造の需要と供給の両面に大きな影響を与えます。

超高齢社会では社会保障費が増大することから、労働者の可処分所得が低下し個人の消費は冷え込むことになります。労働者は可処分所得の損失を補おうとして労働時間を増加させても、労働者の総数が大幅に減るため生産量が減少することから、経済全体が縮小する可能性が高いのです。公共事業などの財政政策は、需要を発生させ雇用が改善するため生産を増大させる効果がありますが、すでに退職している高齢者には影響を与えにくいため、労働力人口が減少した経済では財政政策の効果は低くならざるを得ないでしょう。

金融政策は金利を低下させ、投資や消費を刺激することを意図していますが、貯蓄を主な生活資金としている高齢者は金融政策の恩恵を感じることはありません。むしろ利子率の低下は利子所得の低下を意味します。金融緩和により資金調達コストが低下しても、企業が高齢化により需要の増加を期待しなければ、設備投資に積極的になることはありません。高齢化が財政・金融政策の有効性を低下させることは、ＯＥＣＤやバブル崩壊後の日本のデータから実証されています。

多死社会の到来により、終末期ケアを含む介護が経済全体の中で大きな割合を占めることはいうまでもありません。医療・介護部門はこれまでも日本における数少ない成長産業の１つであり、就業者が高い比率で増加し続けました。今後もこの部門が最大で成長産業であることに変わりはないと思います。日本の要介護認定者数は６４４万人です（２０１８年現在）。約１８０万人の方々が介護の現場を支えてくれていますが、2025年には253万人の介護職員が必要とされており、毎年約10万人のペースで増やしていかなければなりません。介護保険制度からの介護給付費は約10兆円（2018年度）であり、2040年に25兆円になると予測されています。周辺産業を含めると2025年時点の市場規模は約100兆円にまで成長するといわれています。

野口悠紀雄氏は「若年者人口の減少によって労働供給が減少することも加味すると、2050年時点の総労働力に占める介護関係従事者数の比率は最小の場合でも20％を超え、最大の場合には25％を超える可能性がある」と指摘した上で、賃金水準が低い介護分野が大きなウェイトを占める経済は「維持することができない異常な構造だ。およそあり得ないが、そうならざるを得ない」と悲観的な見方をしています。

●介護産業の本質的な問題とは

介護は「3K仕事」というイメージが定着しているため、ニーズの急増に担い手が追いつかず、2025年に約38万人の介護職員が足りなくなると懸念されています。

介護現場の深刻さは日に日に増しているようです。2019年9月7日付ビジネスジャーナルは「介護施設、入居者から職員への精神的暴力等が問題化……団塊世代の大量入居に戦々恐々」と題する記事を報じています。しかし、介護現場では人手不足のために介護職員の適性を欠いた人が増え、職員のレベルが劣化し、利用者への虐待などが増加していますが、問題はそればかりではありません。最近「介護職員が被害者、利用者が加害者」となるケースも増えているのです。

厚生労働省の調査（平成30年度）によれば、利用者からハラスメントを受けた職員の施設ごとの比率は４～７割、家族などからは１～３割となっています。訪問の場合では精神的暴力の比率が高く、入居施設では身体的暴力と精神的暴力のいずれも高い傾向を示し、セクハラ被害も多かったそうです。これにより仕事を辞めたいと思ったことのある職員の比率は２～４割、けがを負ったり病気になった職員は１～２割に上っています。

団塊世代すべてが後期高齢者入りする２０２５年以降、介護需要が急増することが予想されますが、介護現場では「団塊世代は従来の高齢者と異質なタイプになるだろう。人口の多い世代なので自己主張が強く、スマホも使えて情報収集力も高く、病院や介護施設にとっては扱いにくい世代だ。職員に対しては現在のようなハラスメントだけではなく論争を仕掛けてくると思う。入所者の会のようなユニオンを結成して入所条件の変更を要求してくるかもしれない」と戦々恐々です。

さらに深刻な問題は介護の現場で「死がタブー」であることです。

多くの介護現場では「老い」は対処すべき課題とみなされ、掲げられた目標をクリアすべきものとされているため、介護という仕事は「技術」としてマニュアル化され、問題解決のための対処法に重点が置かれています。「死がタブー」であることから、「人間はどう生き、逝くのか」という深遠なテーマに向き合い、「死」に向かって生きている人に対し元気を与え、前向きに死なせてあげるという本来の目的が果たせないでいるのです。

近い将来主権者である国民は「介護保険料を値上げして介護士の待遇を改善して介護士を大勢雇って十分な介護サービスを提供するべき」か、「介護保険料を値上げせずにできる範囲内での介護サービスの提供にとどめるべき」との選択を迫られることになりますが、このような状況のままでは後者を採用する可能性が高いのではないでしょうか。

●「看取り士」という仕事

2012年6月、岡山県岡山市に「一般社団法人日本看取り会」というユニークな団体が設立されました。団体の理念は「すべての人が愛されていると感じて旅立てる社会づくり」です。来たるべき多死社会に備えて看取りの文化の復活させるために、「看取り士」を養成することが活動の主目的です。会長の柴田久美子氏が、介護の現場仕事に矛盾を感じて島根県の知夫里島で看取りの活動をはじめたのは1998年です。柴田氏が看取り士と名乗るようになったのは8年前です。250人以上の看取りを行った柴田氏の体験が元になって看取り士は誕生しました。2020年3月現在、全国で1000人以上の看取り士が誕生しています。看取り士をサポートし家族の負担を減らすためのエンゼルチーム（ボランティア）の支部が全国で1000以上誕生しています（1支部当たり10名体制が基本）。

看取り士の役割を詳しくみてみましょう。

看取り士の依頼は、末期がんなどで余命宣告を受けた在宅死希望者やその家族からのものがほとんどです。入院中の患者から依頼を受けた時、在宅介護のためのケアマネージャーやかかりつけの医師、薬剤師などを探すのが看取り士の役目です。看取りの現場での仕事は、①寄り添い、②看取り時の呼吸合わせ、③看取りの作法を家族に伝授、④臨終後のバトンリレーを行うことです。

看取り士の資格者の６割は看護師、２割は介護士で、女性が９割を占めます。エンゼルチームは、介護中の家族などが食事や入浴、買い物に出かけられるよう終末期の人を24時間体制で見守る（３時間で交代、１か月を期限、本人が回復すればチームは解消）ことですが、その体験者から「幸せと満足をいただいた、一対一の関係、私自身の存在をこんなに認められたことがありがたい」という感想が寄せられています。看取り士の使命は、生前から逝去数時間後（納棺前）の人の顔や背中などを家族が触ったり抱きしめることで残された時間を温かくて幸せなものにすることです。

幸せに看取るためのポイントは次の４点です。

①肌の触れあいを持つ

温もりで相手に安心感を与えることを目的としています。介護の現場では触れるケアが圧倒的に不足しています。

②傾聴、反復、沈黙を繰り返す

言葉にできない不安や恐怖心を共有することが目的です。

③「大丈夫」と声をかける

④呼吸を合わせる

自分の呼吸のリズムが他人に共有されると相手に自身の存在が受け入れられているという自己肯定感が生まれます。40～50分呼吸を合わせていると逝く人と呼吸が１つになる瞬間が訪れるとされています。

看取り士を活用するメリットについて、柴田氏は、グリーフケアを必要としない、そしてポジティブな死生観を持てることを強調しています。グリーフケアとは、死別による喪失からの回復を支援することです。死別による喪失感に陥ると立ち直りにしばしば時間がかかりますが、思い残すことなく抱きしめることで死に逝く人の記憶が遺された家族の中に生きるという温かい感覚が生まれると、深刻な喪失感に陥ることはないのだそうです。このことはポジティブな死生観の醸成にもつながるようです。死に逝く人の体のぬくもりを感じることで家族は「いのちのバトン」を受け取る体験をし、死に逝く人にとっても家族にとっても言葉にできないほどの大きな喜びと感動が与えられるからです。

柴田氏はこのような現場での体験をもとに、ポジティブな死生観を伝える「看取り学」講座など看取りに関する啓発活動も実施しています。看取り学とは最期を看取ることだけを学ぶのではなく死生観そのものを確立して生きるための考え方です。

●皮膚は「心」を持っている

多死社会では強い「幸福感（Happiness）」ではなく、日常でのほのぼのとした「満たされ感（Well-being）」がこれまで以上に大事になります。

看取り士の特徴的なところは抱きしめて看取ることにあります。柴田氏の長年の経験に基づくものであり、看取りというサービスの価値を高めていくためには触覚や呼吸などの身体動作に関する学問的知見を取り込むが望ましいと思います。

「皮膚は心を持っている」

このように指摘するのは山口創桜美林大学教授です。

生殖細胞が成長しはじめると「内胚葉」「中胚葉」「外胚葉」に分かれますが、外胚葉から皮膚と脳が分化していきます。触覚は誕生直後から発達していきますが、生涯にわたってあまり衰えない感覚です。特に手や唇に関しては加齢による変化の影響が少ないことが知られています。実験によれば、視覚だけの出会いでは「冷たい」、聴覚だけの出会いでは「距離がある」という印象を持つのに対し、触覚だけの出会いでは「信頼できる、温かい」という印象を持つことがわかっています。

同情や感謝といった向社会的な感情は表情や声では相手に伝わりにくいのですが、相手をゆっくりと触れることではじめて伝わります。人はタッチングから相手の意図を読み取ろうという行動を通して、幸福や快といったポジティブな感情を抱くのです。人は愛情を伝えるために相手を撫で、同情を伝えるために軽く叩き、感謝を伝えるために握手するのは理由があるというわけです。

タッチングにもコツがあります。

手のひら全体を使いやや圧をかけて触れ、離す時は斜めに手を引き上げるのがポイントです。触れる前にあらかじめ親密な信頼関係を確立しておくことも欠かせません。触れられて一番抵抗が少ない部位は肩です。皮膚を通して相手を感じるとそれに自分の身体が反応してホルモンや自律神経などの変化が起きます。するとそれに相手の身体が反応します。こうして互いの身体が共振することでコミュニケーションが深まっていくのです。じっくりと相手に触れてもらうことで自尊感情が高まります。相手が自分を尊重してくれながら自分のために献身的に尽くしてくれるといった感覚が自分はそのような価値のある人間なのだという自信にも似た感覚を呼び覚ましてくれるからです。親密な人からのタッチで不安が軽くなり、「死ぬことへの不安」が低下します。

日本人の触覚は極めて繊細です。スキンシップは費用対効果がよいにもかかわらず、介護や医療現場ではスキンシップを主体としたケアをしている施設はまだまだ少数です。

愛する人が死の淵をさまよう際に世話をする人は、無力感を抱きがちであり「自分はなにもしてあげられない」と思い込んでいることが多いのですが、山口氏は「誰でも簡単にできるマッサージなどを取り入れてみると、世話をする人はとてもやりがいを感じて、愛する人の死後も『自分にできることはやれたんだ』という思いを持つことができ、死後の悲しみも軽くすることができる」と主張します。

タッチは相手の存在を認め、支え、受け入れるといったように全人的苦痛に対して多面的なケアの可能性を提供してくれるものです。問題そのものは解決できなくても、相手が病苦とともに生きるのを支え、寄り添い、励ます力を持っているのです。「人生の終焉には周囲の人たちにタッチされながら命の灯を消すことができたらなんと幸せな人生だろうと思う」と山口氏は述べています。

●「看取り」は日本の伝統文化

在宅での「看取り」が日本ではじまったのは江戸時代からといわれています。

戦乱の世が終わり「天下太平」になると、近親者の死が遠い戦場や路上ではなく身近な場所で起こるようになったからです。庶民が家族を形成することが一般化したこととあいまって、江戸時代の人々の多くは自分が生活する家屋で死ぬようになったのです。「歳をとって病気になり、やがて病床で臨終を迎える」という一連のサイクルを家人として付き合うことが常態化したことで「看取り」の文化が生まれたのです。

戦前の日本では、自分の祖父母を介護し見送ってはじめて「一人前」とすることを習わしとする地方があったようです。親が必死に働いているから、子供の世話は祖父母がしたのです。自分にお粥を食べさせてくれ、おしめを取り換えてくれた祖父母に対して、今度は自分がおむつを取り換えお粥を食べさせ、さっきまで生きていた祖父母が息を引き取って二度としゃべってくれないという体験をしてはじめて「成人した」という文化がかつての日本にはあったのです。

かつて「死」の瞬間は周囲の者たちと共有される神聖な体験でした。衰弱していく身体とそこから離れていく霊魂、その霊魂はどのようなものかという想像力の中で人間の「死」というものの厳粛さとリアリティがありました。戦前、いや敗戦直後まで日本人が一番「死」を恐れない民族でしたが、１９５０年あたりから１９７０年あたりまでの20年間に、世界で最も「死」を恐れる民族の１つに変わってしまったようです。いつのまにか「死」を直視しなくなった日本人が、知っていたはずの「死」に関する情報や知識を忘れてしまったからです。「死」がわからなくなり、いたずらに怖がっている状況が続いています。

人口増大を前提とし、足りないものや欲しいものがたくさんあり、それを得るために切磋琢磨した結果、現在の日本はかつてなかったほど快楽的な生を現実化しています。成熟社会となって久しい日本ですが、最後に残されたのは「死」の意味の問題です。「生」の快適さと快楽をいくら追い求めても、最後に待ちかまえている「死」の問題の解決にはなりません「幸せの定義」が社会で統一されることなく個人的なものになっており、「不満はないが不安は消えない」状態が続いています。戦後の経済成長の恩恵を一番受けているはずの定年退職者たちが「生」の孤独感や所在なさに悩まされているのはそのためではないでしょうか。

柴田氏は「中高年で元気な人たちは死の問題から逃げているが、看取りの体験は自己否定の感情が強い男性に大きな変化をもたらし、人生の優先順位が変わる」と主張します。

●望ましい「死」

柴田氏は看取りの際に「死なないで」ではなく「もういいよ。安心して旅立ってね」と言ってほしいと望んでいます。さらに自らの体験を通して「望ましい死」という概念を提唱しています。

看取り士の活動を長年取材しているジャーナリストの荒川龍氏は興味深い事例(88歳の祖父の死に「おめでとう」といった孫)を紹介しています。

「祖父は多くの人に触れてもらい、笑顔で声をかけてもらえて幸せだったと思います。『死は悲しくて怖いもの』というイメージがありましたけど、悲しいのはそうだけど、それだけじゃない。人生をまっとうしたという点では『お疲れ様』だし、人生の卒業式なら『おめでとう』だし」

このことでわかることは子どもにとって「死」を「冷たくて怖いもの」にするのも「温かくて幸せなもの」にするのもすべて大人次第であるということです。

競争好きの米国人の間で「誰が最も望ましい死(最高の死)を迎えることができるか」を競いあうよ

うになっているようです。

望ましい「死」とは、痛みを緩和する処置を受けていても意識は明瞭で家族に囲まれ皆でお気に入りの歌を合唱しなんの不安もなく自宅で人生の最後の瞬間を迎えることです。米国では終末期のがんやＨＩＶ感染症患者や家族、医療関係者など１００名に対して面接調査を行った結果、「望ましい死」について以下の６項目が抽出されました。その要件とは、①痛みや症状が緩和されていること、②自分の意思ですべての選択ができること、③自分の死期をあらかじめ知った上で死に対する準備ができること、④自分の人生が完成したと思えること、⑤他者の役に立つこと、⑥最期まで人として尊重されることです。

長い間タブー視されてきた問題について考え議論するようになったのは悪いことではありませんが、望ましい「死」に向けて最善を尽くしても実際には多くの人がそれを実現できないことから、残された家族に罪悪感を与えるなどの問題点も指摘されています。

●柴田氏の死生観

柴田氏は看取り士を職業をする以上、自分自身を見つめることが大切だと考え、長年、内観法を学んでいました。内観法とは、母親をはじめとして、人生で影響を与えてくれた人など、ひとりひとりを客観的な視点で見つめる修養法です。

柴田氏は看取りを続けていく中で、家族の中でも特に母親に対する客観的な視点を持つことが、人生にとって、特に終末期に大きな意味を持つことだと考え、内観法をアレンジした胎内体感法を編み出しました。

抱きしめて呼吸合わせをすることで、死に逝く人が再び母親の胎内に戻るイメージを持ってもらうためです。そのためには家族の看取りをサポートする看取り士自らもそのイメージを持つ必要があります。

子宮とは、私たちがこの世界にオギャアと生まれ出る前にいた、母親の胎内です。そこにいた時の自分を思い起こすことで、私たちが慈愛の世界からこの世界にきたことが実感できます。また、胎内は前の人生を終えた後からつながっていることから、前世の「終わり」という意味もあります。「生」の前の世界であり、「死」の後の世界、それが胎内です。その胎内から、私たちはこの世界に飛び出してきたのです。子どもから赤ん坊の頃に遡って、母親がしてくれたことを思い出し、最後は、自分が母親のお腹の中にいた時まで遡ります。多くの人は「そんなの覚えているわけない」と思われるかもしれませんが、思い出す人は少なくないそうです。「子宮」に焦点を当てた柴田氏の死生観は縄文人の死生観と通じるものがあります。

これまで多くの人の看取りをしてきて、宗教観のある方や宗教になじみのある方は「死」を受け入れることが比較的早く、また、「精神的に強いな」と柴田氏は実感していますが、柴田氏の年頭にあるのは最愛のお父様の最期なのかもしれません。「私たちは死んだら神さまの元に帰る」とおっしゃっていた柴田氏のお父様は、60歳の時、胃がんでなくなりましたが、最後の最後までお世話になった医師や看護師、世話をしてくれた方々に「ありがとうございました。お世話になりました」と感謝の言葉を伝えていらっしゃったそうです。

お父様は神さまを本当に信じていらっしゃったからこそできたことだと思います。

●「看取り」の機会を奪うパンデミック

新型コロナウイルスのパンデミックのせいで看取り士の活動は休止状態ですが、看取りの機会を失うことが日本人にとってどんな辛いかということを改めて認識させられます。

２０２０年3月29日、新型コロナウイルスによる肺炎でコメディアンの志村けんさん（70歳）が亡くなりました。2月20日に70歳を迎えた志村さん、古希の祝いで2月25日に親族が集まりましたが、その際新型コロナウイルスの話題も出て、みんなで気をつけようと話していたそうです。それから1か月も経たないうちに志村さんは亡くなってしまったのです。

新型コロナウイルスに感染していたことから、親族は遺体との対面もできませんでした。

兄の知之氏（73歳）は「会えないまま亡くなっちゃった。病院から火葬場に行くんですよ。その時も全然会えない。顔もみられない。残念だね」と語ります。甥の将之氏も「亡くなる前日に画面越しで見たが、今にも目が開きそうな感じで顔色も良かった。近くに行って手を握りたかったが、それができない。その時にお医者さんからあまり持たないということを説明された」と言います。

新型コロナウイルスは、人の命だけではなく、家族との別れの機会も奪います。

亡くなった後も感染する可能性があることから、遺族であっても目の前で看取ることができず荼毘に付された後の再会となってしまいます。最後を看取り、きちんとお別れするということができないというのは本当につらいことです。新型コロナウイルスによる肺炎症状が重篤化し、呼吸不全や多臓器不全に陥れば、いきなり意思疎通ができなくなり、亡くなった場合も亡骸で葬儀が行えなくなる可能性があります。

病状の進行が速いことから、家族は悪くなる過程を見守ってあげることはできなくなり、患者は孤独のまま亡くなっていくことになります。最後のお別れに立ち会えないことへの悲しみと動揺が広がっています。「不条理な突然の死」の再来です。「長くて緩慢な死」がいかに貴重で贅沢なものだったかということが、失ってはじめてわかります。

新型コロナウイルスのパンデミックをきっかけに日本でも中世の欧州で猛威をふるったペストのことが話題になっています。中央アジアが発祥とされるペストは、1347年、商船に乗ってイタリアのジェノバの港に上陸し、そこから急速に欧州中に蔓延していきました。ペストに感染した者は、高熱や倦怠感などの症状を経て、まもなく全身の皮膚が黒ずんでいき、そのまま死に至ることから黒死病と呼ばれるようになりました。ペストは14世紀の欧州を恐怖のどん底にたたきつけました。人口の3分の1が減少しただけでなく、欧州の中世社会の権力構造ががらりと変わりました。

当時欧州ではカトリック教会は絶大な権力を持っていましたが、ペストの流行にはあまりに非力でした。聖職者自身もペストにかかりました。今回のパンデミックでも、イタリアでは3月末時点で少なくとも50人の司祭が亡くなっています。フランシス教皇は亡くなった医師や司祭のための祈りを先導し、「病める者に尽くすことで英雄的な手本となったことを神に感謝する」と祈りを捧げました。しかし宗教儀式をやっても祈りを捧げても効果はありませんでした。現在なら当たり前ですが、当時の人々は落胆しました。さらに聖職者の中には感染を恐れて教会から逃げ出す人も続出しましたが、人々には教会側の裏切り行為と映りました。

一方、旅の修道士や敬虔な信者がキリストの名において看護師を志願し、自分を犠牲にして死に逝く人をケアしました。死者の多さと伝染への恐れで埋葬儀礼の機能を麻痺させてしまった共同体の代わりに、これらの宗教者が活躍したのです。

死体が次々と発生し、「死」が身の回りを取り囲む中、「死」は人々の精神に強烈な衝撃を与え、文化にも深い刻印を残すことになりました。「死」をモチーフとした芸術が流行したのです。

ペストが終息すると、「メメント・モリ（死を想え）」を主題とした絵画が多く描かれるようになります。15世紀になると「死の舞踏」と呼ばれる寓意画が描かれるようになりました。

「死の舞踏」とは、中世後期の芸術作品によく使われた美術図像の1つです。骸骨で表現された死者と生者が手を取り合って踊る様子を描くもので、もともとは14世紀の詩人の詩（「死の恐怖を前に人々が半狂乱になって踊り続ける」というのがモチーフ）をきっかけにはじまったとされています。

各地の納骨堂や墓地礼拝堂などの壁画に描かれた「死の舞踏」は、腐敗しかかった屍や骸骨に近い状態に表現される死者が、生者の貴賤・老若男女を問わずに手を引き、肩に手をかけ、不気味な笑いを浮かべながら「死」へと行進していく有様を描いたものです。生者と死者が交互に配置され、十数人が行列をなして、あたかも舞踏を踊るかの足取りと身振りであるため、「死の舞踏」という名称が与えられました。

骸骨と死に神と思われるものと王や農民・領主・僧に至るまでさまざまな階級の者が一緒に踊っているという図像です。これには、生前は王族・貴族・僧侶・農奴などの異なる身分であっても、ある日訪れる「死」によって、身分や貧富の差なく、無に統合されてしまうという当時の死生観が表れています。「死」の姿のあからさまな表現であり、13世紀にみられたような、両眼を見開いた、若く、美しい死者として墓石などに刻まれた「死」のイメージとは明らかに異なります。

中世初期、「死」とは瀕死者や死者の身支度や典礼に則って進行するものであり、病気と「死」は患者を周囲と結びつける儀礼として機能していましたが、ペストが流行すると、「死」を迎えるための精神的・物質的準備として機能しなくなってしまったからです。「死」と隣り合わせの状態で生きていた人々の死生観が変わってしまってもまったく不思議ではありません。目を背けても決して逃れることができない、「死」と直面した日常の中で、毎日を悲しみに暮れて過ごすよりは、笑い飛ばすことで、いっそ気分的に少しでも救われたいのだという、非宗教的な死生観が力を持つようになったのかもしれません。

コロナ後の日本にも明るい死生観(「生まれ変わり」の信念)が誕生することに期待したいと思います。

●陽の経済、陰の経済

話題を変えて、コロナ後の経済システム全体について考えてみたいと思います。

「経済も陽と陰の2つの要素から成り立っている」という考え方があります。その基礎には古代中国で生まれた「陰陽論」があります。「万物には陰と陽という背反する2つの側面が必ず存在している」という考え方であり、「外へ外へと拡大していく動き」を陽、「内へ内へと入ってくる受動的な性質」を陰と名付けています。相反する2つの要素が混じり合うことで価値を持ち、物事の矛盾は解決されるという発想です。

陽の世界では、超越的な神の存在の下で理性的、競争、技術などの概念が中心を占め、その目標は物質的な豊かさです。「外側」に関心の中心が置かれ、普遍性を重視し、モジュール化に適しているという特徴があります。

一方、陰の世界では、内なる神性という共通理解の下で感情移入、協働、対人関係能力などの概念が中心を占め、その象徴とされているのは「死を心静かに受け入れる」ことを意味するグレート・マザー（母なるものを表すユング心理学の元型の１つ）です。「自分の心の中」に関心が向けられ、精神性に関心が集まることから、これまで見過ごされてきた自然資本（透き通った空気や水、生物の多様性）や社会資本（家族や集団の団結、平和、生活の質など）が尊重されます。

陰陽の１つの側面が永遠に優勢であることなどありえません。

近代以降、西洋世界が中心となって陽の世界の経済が世界を発展させてきましたが、そろそろ限界に達しているのではないでしょうか。近代という時代は神を引きずり下ろし、人間が主役となっていった時代です。私たちは「聖なるもの」から遠ざかり、得体の知れないものへの感情、みえない存在への畏敬の念を忘れてしまっています。世界の変化や発展の過程を本質的に理解する方法として弁証法が有名ですが、その本来の定義は「それ自身の内部から、それ自身の反対のものが生まれる」です。すなわち「陰極まれば陽となる、陽極まれば陰となる」です。

日本では高齢化が大きな問題になっていますが、高齢化は経済発展と公的医療をはじめとする制度の進化の成果であり、本来望ましいことです。望ましいことが不都合な結果を生んでいるのは、実りあるものとして社会の中に取り入れることができないからです。陽の経済に偏った社会の考え方がこの変化に適応できていないからです。

●貨幣とはなにか

デジタル経済とビッグデータ時代の到来で貨幣の世界でも新たな動きが生まれています。ブロックチェーン技術を基盤とした仮想通貨がビットコインをはじめ一定の経済的価値を有するようになっています。貨幣そもそもの意味については後述します。本書では「流通する貨幣」のことを「通貨」と呼ぶことにします。

私たちが現在使っている通貨は国の威信を基盤とする法定通貨です。法定通貨の信用の源は日本銀行という発行元の権威に基づいており、その価値は政府と日本銀行が景気状況を勘案して通貨の発行量を調整するなどして管理されています。

しかし仮想通貨の場合は、特定の国の後ろ盾がないので別の方法で信用を確保し、価値を管理する必要があります。仮想通貨に信用を付与しているのは、秘密鍵、公開鍵、ハッシュ関数といった暗号技術であり、総称してブロックチェーン技術と呼ばれています。ブロックチェーンはいわゆるデータベースです。改竄が不可能な電子データと定義されています。いろいろなことを記録して保管しておくためのデジタル台帳です。ビットコインが生まれて10年以上が経ちましたが、その間、送金に関する事故が発生していないことから、信頼性は高いといえます。コンピューターのプログラムは人が手を加えない限り勝手にルールを変えたりしないからです。発行元（例えば日本銀行など）の権威に頼らずとも「取引」の信用が得られており、このことが「革命的だ」とされているのです。

問題は使う側にあります。

貨幣は言語や法と同様に共同体的な存在です。共同体といっても貨幣を使う人たちの集まりで、出入りは自由であり、法律で強制されるものではありません。

草創期のビットコインにはビットコイン教の信者のようなグループがいたのですが、共同体が完全に出来上がる前に単なる投機資産になってしまいました。一方で、仮想通貨の登場は私たちに改めて「貨幣とはなにか」を考えさせるきっかけを与えてくれました。貨幣の起源は石や貝殻といったものだったというのがこれまでの常識でしたが、近年の学者の調査から、「物々交換から貨幣が誕生した」のではないことが明らかになりました。そのような事例が1つも発見されなかったからです。

それでは貨幣はどのようにして誕生したのでしょうか。

ミクロネシア連邦のヤップ島では原始時代と同様の単純な経済にもかかわらず、物々交換ではなく巨大な石に取引内容を刻んで記録するというシステムにより経済が運営されていましたが、このことが貨幣の本質を示しています。

私たちが持つ巨大な脳は、群れの仲間と「うまくやっていく」ために進化しました。身近な仲間との「貸し」や「借り」をきちんと理解し記憶していくために、高度な知能が必要になったからです。親族集団内でのやりとりで完結していれば「誰が誰にどんな債務を負っているか」を覚えておくのは簡単でしたが、集団の単位が部族や氏族から王国へと拡大するにつれ記憶を増強するための道具が必要となります。「誰に貸しがあり、誰に借りがあるのか」を正確に把握するために、貸しや借りを具体的な金額として数値化し、帳簿を使って記録することにしたのです。人間の記憶を外部化して補強する道具が貨幣だったのです。かつて石に刻まれていた情報が、現代ではブロックチェーンに大量かつ正確に記載されることになったのです。

●仮想通貨の有用性

20世紀末のバブル崩壊以降、日本経済は長期不況に悩んでいますが、その原因を経済学者の小野善康氏は「非飽和的な流動性選好」、すなわちお金や資産への際限のない執着に求めています。貨幣は価値を保存したり交換したり測ったりするものであって、価値そのものではないにもかかわらずに、です。人々の間に「非飽和的な流動性選好」があると貨幣量が増えたとしても貯蔵されて利用されることが少ないことから、いつまで経ってもものへの需要は生まれず、生産は増えず、失業も解消されません。

このことから円がビットコインと同様、財産としてのイメージが強くなりすぎてしまい、貨幣本来の機能を果たさなくなってきていることがわかります。現在の貨幣システムは、近代工業時代の世界観に強く裏打ちされており、その機能が現状と合わなくなってきているのではないでしょうか。

円という通貨システムを全面的に変換することは不可能ですが、さまざまな手段を並行して利用しなければ、日本はいつまで経っても活性化しないでしょう。円は価値が高すぎて気軽に人に渡しにくいものになってしまったのですが、ちょっとした貸し借りを記録するツールとしての仮想通貨であれば、受け取る側も気が楽であり、ボランティア精神を台なしにすることも少ないでしょう。仮想通貨が健全な成長を遂げるためには、貨幣としてどういう意味や利便性があるかを明確にした上で、自分の価値観に合った人を金銭的に支援できるものにしなくてはなりません。新しい価値観で小さな経済圏をつくることができるのが仮想通貨の魅力です。

日本では江戸時代に発行された貨幣は1万８０００種類に上り、そのうち7割は私札（神社仏閣、商人、庄屋などが発行）でした。さまざまな地域・組織が異なった評価軸に基づき貨幣を発行することで地域やコミュニティの自立が図られていたのです。

コミュニティ通貨の世界的権威であるベルナルド・リエター氏が「お金とは、あるコミュニティにおいて、ある『なにか』を交換の媒体として使おうという、1つの取り決めである」と主張するように、貨幣はそもそもコミュニティ内で流通するものでした。人間はもともとローカルな領域で自分の価値や関心に基づく知識や情報に基づいて判断し、血縁や地縁、仲間とともに、生活や趣味、価値観などを共有するさまざまなコミュニティを形成してきたのです。通貨は、参加者全体が形成するコミュニティへの信頼を基盤にして成立するものです。

●「生まれ変わり」の信念をアンカーにした仮想通貨

貨幣の信用は、無価値なもの（貨幣）を受け取る人も「これ（貨幣）と引き換えに価値あるものを渡してくれる人がいる」と信じることで成り立っています。このやりとりを繰り返していくと「無価値なものを受け取り、価値あるものを渡す」という不等価交換の最終的な引受人が必要になります。このことは1枚の紙切れの価値をはるかに超える価値あるものが「無限の未来の人間」から贈られることを意味しますが、このような「気前の良い贈り物」を実在する人間に期待するのは不可能です。「無限の未来の人間」は人間を超えた存在でなければならないのです。

人間を超えた存在といえば、キリスト教などの一神教の絶対神がまず思い浮かびますが、日本ではどうでしょうか。

現存する日本最古の紙幣は、伊勢国で江戸時代初期に発行されたもので、「羽書《はがき》」とよばれています。伊勢神宮の御師（所属する寺社への参拝者の宿泊などを世話する者）が発行した銀の預かり証は、伊勢神宮の権威により流通したといわれています。

民俗学者の新谷尚紀氏は「貨幣というものの本質が発生したのは人類による死の発見とともにあった」と指摘します。日本では神社や寺院で自らの穢れを祓い清めるためにお賽銭を投げることからわかるように、お金は人々の穢れや災厄を磁石のように引き付けるものとみなされていました。貨幣はそもそも死（穢れ）に密着している道具なのです。

昔の日本人はお金には「まじないの力」があると感じていたのです。貨幣に遣われている「幣」とはもともとは神々への捧げ物のことです。捧げ物ですから、物品でもよかったのですが、かさばったり腐ったりすることから、布や紙に変わっていきました。これが現在どこの神社でも神主が使っている玉串の原型です。このように「幣」には、その社会や生活にとって最も大切なことやものを媒介するという力があるとみなされていました。現在でも一部の新興宗教が「喜捨により悪魔による穢れを祓うことができる」と信者に訴えていますが、貨幣には現在でも「祓い」の役割があるようです。

陰の経済については前述しましたが、陰の経済を円滑に機能させるためには陰の貨幣が有用です。陰の経済のモットーが「死を心静かに受け入れる」ことであることから、望ましい死を遂げ無事に生まれ変わる「幸齢者」をアンカーにする新しい貨幣が創造できるのではないでしょうか。

筆者が参考にしているのは「ふれあい切符」です。ふれあい切符という制度は、介護、精神的な援助などを行った場合、その行った時間またはこれに相当する点数を特定の団体に登録することによって、預託者本人、その両親その他一定の者が介護などを必要とする時、預託した時間または点数を用いて、介護などを受けることができるというものです。海外で時間預託通貨と呼ばれるもので、日本では1970年代に活動がはじまっています。その後2000年に介護保険制度が導入され、ふれあいボランティア団体の活動は、精神的な満足（要介護者の話し相手になるなど）にシフトしていますが。多死社会の到来で脚光を浴びつつある「看取り」の問題はいまだ手つかずです。

筆者は、「生まれ変わり」の信念をアンカーにしてブロックチェーン技術を活用した「看取りコイン」をつくり、介護保険の対象外となっている「看取り」のネットワークを全国ベースで構築するための検討を開始しています。

●母性資本主義のすすめ

資本主義は昨今多くの批判を浴びていますが、非常にしぶといシステムです。資本主義は「資本」から価値を生み出すことを原動力にしていますが、現在最も注目されているのは人的資本です。

ＩＱがこの100年間で上がり続けています。特に「分類」と「抽象化」の２項目が目立って伸びています。

現在日本ではＳＴＥＭ（科学、技術、工学、数学）やビッグデータからの抽象化など理系からのアプローチが万能の時代になりつつありますが、人間のあらゆる行動には先の読めない変化がつきものです。理系的なアプローチに固執しているとこうした変化に対して鈍感となり、定性的な情報から意味をくみ取る生来の能力を衰えさせることにつながりかねません。米国の最近の潮流は「ＳＴＥＭからＳＴＥＡＭへ」です。追加されたＡはＡｒｔｓ（人文科学）です。「定量的な調査を行うに当たっても、社会的な対象を構成する枠組みなどについては人々の価値観や意識がつくり上げる部分が大きく、価値の序列についての判断が必要である」との認識が高まっており、このような哲学的な解釈作業を得意とするのは人文科学だからです。

私たちはともすればそうした人的資本の根源である「知能」を「物事を抽象化して捉える能力」などに限定しがちですが、認知科学者のハワード・ガードナーが30年以上前に唱えた（多重知能理論）ように、人間が有する知能は非常に多岐にわたっています。

１９８３年に多重知能理論を提唱したガードナーは、知能を「人が問題解決を行う際に使う力」と定義しました。具体的には、①言語的知能、②論理・数学的知能、③空間的知能、④身体・運動的知能、⑤音楽的知能、⑥対人的知能、⑦内省的知能、⑧博物的知能の8つに分類したのですが、例えば「人間の感性の豊かさを表すとされる指数（ＥＱ）」は、対人的知能と内省的知能（自分の考えや感情などを理解しコントロールする能力）がかかわるとされています。

多死社会に求められるのは「老齢期の人生の質」ですが、「世界はこうあるべきではないか」「人間はこうあるべきではないか」ということを考える社会の構想力が衰えています。「私はなんのために生きているのか」という哲学的な問いについて考える脳の機能が委縮・退化してしまっているからです。

アルゴリズム全盛の今、我々の感性は麻痺しがちです。目の前の課題を本気で読み解きたいのであれば、こんな時代だからこそ昔からある時代遅れと思えるようなやり方に回帰すべきではないでしょうか。

「人間はなんのために存在するのか」という問いかけに対する答えは「人は意味をつくり出し、意味を解釈するために存在する」です。アルゴリズムにはさまざまな可能性がありますが、関心を持つという行為はできません。まさしく関心を寄せ、気遣いをするために人は存在するのです。

ガードナーは８つの知能に加えて⑨霊的知能や⑩実存的知能という知能を追加しました。これらは「人生の意義や死の意味などの実存的な条件について宇宙の深奥に自らを位置付けるなどの深遠な経験を通して自らを位置付ける能力」のことです。

ドイツの哲学者ルドルフ・シュタイナーは「若い時は肉体的な感覚で世界を識る。中年になると心や知性で世界をつかむ。老年になると知性のもっと奥にある魂によって次なる世界からくる発信音を聴くことができるようになる」と主張しています。

平田も「心の本質たる情の動きは一種の能動的エネルギーの発動である。情の高まりはエネルギーの拡大であり、人間の生は要するにエネルギーとしての霊魂を大きく強く育て上げていく営みにほかならない。このエネルギーは一生の最後の瞬間において極大値に達する。エネルギーの高まりのままに人は神になる」と主張していますが、かつて人は肉体が衰えた後は霊性を高めることが課題となっていました。

人々が「次なる世界」を信じなくなった昨今、高齢者はもはや尊敬の対象ではなく、せいぜい憐憫をかけるべき相手となってしまいましたが、このままでよいわけがありません。

2050年に日本の労働者の4人に1人が医療・介護関係に従事する可能性がある日本において、求められる資質は「母性」です。母性とは「弱い立場の人、困っている人を目の前にするとなんとかしてあげたいと思う、人間が本来持っている性質」のことです。母性は女性だけに備わったものではありません。時代時代に応じた文化的・社会的特性の1つです。母性とは物事をすべて因果関係で説明するのではなく、あいまいなことはあいまいのまま受けとめるという知性のあり方です。

子どもの世界という基礎の上に「自立した個人」という社会性をつくりあげたのが、大人の社会です。そして再びその社会性から解放されて再び子どもの世界に回帰していくのが老いの世界です。子どもと同様に認知症高齢者に必要なのは「母」です。かつて介護職は「寮母」と呼ばれていました。寮母という言葉は「女性にのみ介護を押し付ける男性中心主義」と評判が悪いのですが、寮母と呼ばれていた現場の人たちは母性的に高齢者にかかわっていました。認知症の高齢者をまるごと受け入れ、巧みにコミュニケーションをとっていました。理解不能としないで、耳を傾け、目を凝らし、硬直した自らの考えを変え、原因がなにかをひとまず脇に置いて、認知症の人の脳がつくる世界で起こっていることを大切にすることが大事だということです。

認知症の症状の1つである「見当識障害」の変化の仕方には法則性があるそうです。家は男性にとって出ていくところで、女性にとっては帰るべきところのようです。でも共通しているのは「大変だったけどやりがいがあって頑張っていた」頃、すなわち、人生の中で最も自分らしかった頃へと現在の認識が変化しているのだそうです。認知症の高齢者が「家に帰る」と訴えるのは、「家」という空間を求めているのではなく「関係」を求めているのです。

日本人は「自分が自分である」と実感するためには、周りの人の評価、さらには社会的役割が不可欠です。仮に社会的役割がなくなっても生きていることへの肯定感を得られるかは、周りの対応にかかっているのです。

柴田氏は認知症患者の最期に不思議なことが起きることを語っています。

認知症が進むと、自分が誰かもわからなくなるほどになりますが、最期の時まで認知症のままで旅立つわけではないのです。例えば、娘さんのことがわからなくなってしまった方が、急に「○○ちゃん」と呼んだりします。「あれ？　お母さん、昨日まで娘の私のことがわからなかったのに、臨終では思い出してくれた」ということがよくあるのだそうです。第1章で触れた「末期意識清明」です。

先人たちもこのことを知っていたのかもしれません。

米国先住民の間にはユニークな風習があります。人が病に倒れると名前が変わるのです。病になると人格が変わるから、名前を変えはじめて会う人のようにその人に接するというのがその理由です。先住民の間では認知症になった人のことを「より高次元に近づいた人」と呼んでいるそうです。

日本でも同様の風習がありました。北海道のアイヌ民族の人たちはかつて村の長老が老いのため言葉が通じなくなった時「神用語を話すようになった」と理解していたそうです。

自分とは言葉を通わせることができない神さまのような存在になったと考えることが、これまでどおり仲良く暮らす術だったのです。

高齢者のノスタルジーをきちんと保証することが必要な介護の世界では、最終的に擬似的な母子関係というところにたどり着きます。このようにしてはじめて介護は高齢者が安らかに共同体や故郷に帰っていく手助けを行う力を持つことになります。

「切る」ことを主とする父性原理の下では、個人差を認めるので「競争」が大切ですが、「包む」ことを主とする母性原理の下では、すべてが包まれたひとつの「場」を維持すること（一体感、共生感）が大切であるということができるでしょう。

現在世界各地で「格差拡大」が大きな問題となっていますが、「社会を成り立たせている生産様式が人々の能力や才能を十全に活用できていないのではないか」「人々の才能や能力は現在の経済システムのもとで無駄遣いされているのではないか」という問いかけが決定的に欠けているように思えてなりません。どんなシステムをつくったとしてもその中で生きていく人間が変わらなければそのシステムが豊かさをもたらすことはありません。

21世紀の世界は「高齢化の世紀」になるといわれており、資本主義の推進力（父性）に倫理的感情（母性）を注入することで、誰もが「根源的な安心感を抱ける社会」を実現しようではありませんか。そのためにも「生まれ変わり」の信念を復活させなければなりません。

終章　コロナ禍を乗り切るために

●パンデミックがもたらす世界大混乱

２０２０年の世界は１９１８年のスペイン・インフルエンザ以来の新型感染性のパンデミックに見舞われ、大変なことになっています。１９２９年の大恐慌以来といえる最悪の景気後退が予想されています。しかし悪影響は経済面にとどまらず、社会や安全保障の分野にまで及ぶことでしょう。

国際通貨基金（ＩＭＦ）は4月15日、半期ごとに作成している「財政モニター」報告書を公表しましたが、その中で「新型コロナウイルスの感染拡大について、政府の対応が不十分との見方や富裕層を優遇しているとの見方が強まれば、一部の国で社会不安が広がる恐れがある」と異例の警告を発しました。

過去の危機・災害発生時に人々はしばしば結束しますが、新型コロナウイルスのパンデミックの場合は違うかもしれないからです。

新型コロナウイルスのパンデミックは、公衆衛生や経済面の問題にとどまらず、社会問題となるリスクが生じているのです。

新型コロナウイルスのパンデミックにより、日本でも１９４７年にフランスの作家アルベール・カミュが執筆した『ペスト』がベストセラーになっています。14世紀半ばのペストのパンデミックは欧州社会に大きな傷跡を残しましたが、その中で特筆すべきは、「ユダヤ人が宗教的陰謀のため井戸などに毒薬を投じた」とするデマが拡散し、各地でユダヤ人虐殺事件が起きたことです。

もう1つ注目すべきことは、ペストにより多数の死者が出たことから労働力不足となり、それまで農奴として封建領主に虐げられていた農民の立場が強くなったことです。いわゆるワット・タイラーの乱として歴史に名高い農民反乱が1381年に勃発するなど、各地で農民暴動が相次ぎ、欧州の封建制度の瓦解につながる要因となりました。

「深刻なパンデミックも大規模な崩壊の原因となる。1つのウイルスが人口の99％を殺す必要がなく、低いパーセンテージだけで十分である」

これは2015年にフランス語圏で出版された『崩壊学 人類が直面している脅威の実態』（草思社）の一節です（日本語版は2019年8月に出版されました）。

崩壊学（コラプソロジー）とは聞き慣れない言葉は、ラテン語の「コラプス（一かたまりで墜ちる）」に由来する著者（生態学を専門とするパブロ・セルヴィーニュ氏ら）の造語です。

崩壊という現象は、経済・金融レベルから安全保障、政治社会、さらには文化レベルに至るまで幅広い段階で生ずるとされていますが、システムが破局の危機にあるかどうかを判断するには、「小さなトラブルの回復に要する時間が次第に長くなるという特徴に注目すべきである」とセルヴィーニュ氏らは指摘します。

世界の安全保障については後述しますが、パンデミックの責任を巡って米中両国が激しく対立し、軍事衝突のリスクまで生じています。

政治社会の点でセルヴィーニュ氏らは「政治の崩壊が発生するのは『政治家階級』が合法性と正当性を失うときである。階級差の激しい社会は崩壊を免れにくい」と警鐘を鳴らしています。緩衝作用に恵まれたエリート層は喫緊の大惨事にもかかわらずこれまでのとおりの生活を維持できることから、足元で起きつつある崩壊の予兆に気づきにくいからです。

特に心配なのは米国です。白人警官による黒人暴行死事件を契機に5月26日にはじまった抗議デモは全米50州に広がり、運動が盛り上がるにつれて、「今度こそ人種差別問題が解決に向かう」との期待が高まっていますが、抗議デモの陰にはこの動きを苦々しく思っている米国人が少なからず存在しています。

5月21日付ロイターによれば、民主党支持者の多い地区（人口密度が高い都市など）ではの死亡率が、共和党支持者の多い地区（農村部や郊外）の3倍に達しています。このせいもあってか、共和党支持者の方が封鎖措置の解除を強く望んでおり、大統領選挙運動が今後本格化する過程で新たな対立の火種になりそうです。

ウォールストリートジャーナルとNBCが5月下旬から6月上旬にかけて1000人を対象に調査を行ったところ、80%の人々が「米国はコントロール不能の状態にある」と回答しました。このような情勢をみていると、2018年に実施された世論調査の結果が現実味を帯びてきていると思わざるを得ません。

2018年6月米世論調査会社ラスムッセンが有権者登録済みの1000人を対象に実施したアンケート調査によれば、3人に1人が「今後5年以内に南北戦争のような内戦が起きそうだ」と回答し、10人に1人は「その可能性が極めて高い」と考えていました。

19世紀半ばに起きた南北戦争は、奴隷制度をめぐる対立が原因でしたが、現在の米国は道徳的、思想的、政治的というあらゆるレベルで深刻な分断が起きていると思えてなりません。対立の構図も当時のように州単位ではなくモザイク状になっていることから、今後生じる事態は正規軍同士の戦争ではなく、市民レベルの紛争が内乱状態に発展するという形になるのかもしれないのです。

●パンデミックで高まる米中対立

「我々が経験した中で最悪の攻撃だ。真珠湾や世界貿易センタービル（2001年の米同時テロで崩壊）よりもひどい」

トランプ米大統領は5月6日、ホワイトハウスで記者団に対し、新型コロナウイルスの被害をこのように語りました。トランプ大統領はこのところ中国湖北省武漢市の中国科学院傘下の研究所が発生源との見方を強めており、「発生源の中国で食い止められるべきだった」と改めて中国を批判したのです。

新型コロナウイルスの死者数が4月末時点でベトナム戦争で命を落とした米軍兵士の数を上回る事態になるなど米国でのダメージが極めて深刻です。

トランプ大統領は4月27日、新型コロナウイルスに関して、中国に損害賠償を請求する可能性を示唆しており、政権内で報復措置に関する複数の選択肢が検討されています。

中国側も米国の不穏な動きについて敏感に反応しています。

5月5日の香港の英紙サウスチャイナモーニングポストは「中国に損害賠償を請求しようとしているトランプ大統領の行動は宣戦布告と同じだ。新型コロナウイルスを巡る中国と米国の舌戦から出てくる辛辣な言葉は、両国が朝鮮半島とベトナムで戦争を交えた1950年から1960年代の冷戦を連想させる」とする内容のコラムを掲載しました。トランプ政権の対中政策は、政権内の対中強硬派とビジネス推進派の舞台裏での綱引きで決まってきましたが、現在の状況下では対中強硬派が勢力を増しており、世界のサプライチェーン（産業供給網）から中国を排除する取り組みが加速しています（5月4日付ロイター）。

英国の歴史学者ニーアル・ファーガソン氏が２００７年に米国と中国の密接不可分な経済関係を「チャイメリカ（Chimerica）」と例えましたが、状況は一変し、米中経済のデカップリング（切り離し）が後戻りできない状況になりつつあります。

グローバリゼーションの動きも戦後で最も壊滅的な打撃を受けています。ＷＴＯ（世界貿易機関）は5月8日、「今年の国際貿易は最大で32％減少する」としました。

「新型コロナウイルスのせいで米中新冷戦がはじまりつつある」との懸念が高まる中、5月4日付英紙フィナンシャル・タイムズはコラムで「最悪の場合、米中両国のすべての怒りは単純な冷戦を超えて、本当の武力衝突につながる可能性がある」と報じました。

ここで経済と戦争の関係についてみてみたいと思います。

ソロモン・ポラチェックは１９８０年に「紛争と貿易」と題する論文を発表し、その中で「貿易の規模が2倍になるごとに敵対行為が行われる割合が20％ずつ減少する関係がある」ことを明らかにしました。ポラチェックはその理由を戦争の勃発によって貿易の利益が消滅する恐れが戦争を抑止するメカニズムとして機能することに求めましたが、貿易の水準が高くても貿易量が減少傾向になると戦争抑止効果が生じにくいことも明らかにしています。

米中の経済的な結びつきは両国の武力衝突のコストを引き上げましたが、それによって完全に衝突の可能性を排除することはできないのです。

一方、国際政治学では「政治はいつも経済を打ち負かす」とする主張が主流です。

その典型例として挙げられるのは、20世紀前半の欧州です。

英国人政治家ノーマン・エンジェルが1910年に『大いなる幻想』を上梓し、「20世紀初頭の欧州では英国経済とドイツ経済の一体化が進み、戦争の遂行は『大いなる幻想』となった」と主張しましたが、4年後に勃発した第一次世界大戦でその指摘はまったくの誤りであったことが明らかになりました。

米中関係に話を戻すと、米国の国際政治学者グレアム・アリソン氏が2013年6月、「ツキディデスの罠」と称して、「新興国の台頭が覇権国を脅かして生ずる構造的なストレスから米国と中国が衝突する」と主張したことが思い起こされます。ツキディデスとは、古代ギリシャで覇権を握っていたスパルタが、急激に勢力を伸ばしてきたアテネを抑え込むために起こしたペロポネソス戦争を「戦史」としてまとめた歴史家ツキディデスのことです。古代ギリシャでも疫病（天然痘や麻疹の可能性）が蔓延しており、アテネの指導者ペリクレスが疫病に倒れたことが勝敗の分かれ目になったといわれています。

米国内でも「コロナ後には世界の秩序が大きく変化し、中国の覇権が鮮明になる」と主張する論調が出てきており（5月7日付日本経済新聞）、これに危機感を抱いた米国政府が自らの覇権を固守するためなら短期的な経済的利益を犠牲にしてでも、「中国潰し」を断行する可能性が高まっているのではないでしょうか。

筆者は軍事専門家ではありませんが、米中が激突する舞台は「南シナ海から台湾にかけての海域」か「朝鮮半島」ではないかと懸念しています。

南シナ海については、新型コロナウイルスの混乱に乗じて軍事要塞化の動きを加速しており、米軍はこれを牽制するため「航行の自由作戦（度を超した海洋権益を主張していると判断した国の海域を対象に米軍の艦船などを派遣する作戦）」を展開しています。さらに米軍は中国側の神経を逆なでするかのように台湾との軍事面の連携を強化しており、一触触発の状態にあるといっても過言ではありません。

朝鮮半島についても、金正恩の健康問題が深刻化すれば事態は一気に流動化する可能性が高いと思います。ストックホルム国際平和研究所（SIPRI）は4月27日、2019年の世界の軍事費を明らかにしましたが、トップ3にはじめてアジアの2か国がランクインしました。中国（2610億ドル）とインド（711億ドル）です。21世紀に入り、アジアでは中国の軍拡の動きに煽られる形で周辺国も一斉に軍拡に舵を切っているのです。

第一次世界大戦はスペイン・インフルエンザで幕を閉じましたが、米中間の軍事衝突は新型コロナウイルスのせいで幕を開けてしまうのかもしれません。

●悪の根源にある「死」に対する恐れ

なぜ私たちは対立や分断を引き起こしてしまうのでしょうか。

「資本主義システムにおける経済の発展や技術進歩は、『死の欲動』の迂回された回路であり、他者や自然への攻撃性が内包されている」と指摘するのは斉藤日出治大阪産業大学名誉教授です。

現在の資本主義社会の下で人々は目新しいものを求める衝動がこの上なく高まり、自然などへの破壊力がますます増大していますが、次々と目新しいものを追求する行動は、死を逃れようとする衝動、すなわち、永遠の生命を求めようとする「反復強迫」であり、この「反復強迫」は「死を受容せずに死を拒絶する」社会のパラダイムによって引き起こされているというわけです。

斉藤氏の主張のベースには精神分析の祖であるフロイトの思想があります。フロイトは外傷性神経症患者の反復強迫（自我に不快をもたらすものが反復して体験されること）の根底に人が自らの生まれる以前の状態に回帰しようとする欲動（死の欲動）を見出し、死の欲動をむりやり抑えこもうとすると、他者への攻撃的欲動となって発現することを発見しました。フロイトは「人は『生の欲動』を通して発動される『死の欲動』の攻撃的暴力を制圧するために文化を築いた」と主張しましたが、文化によって「死の欲動」の発現を押さえ込まれうとする試みが成功することはありません。文化にできることは「死の欲動」の暴発を延期させるだけであり、抑圧された「死の欲動」は蓄積し増幅され、やがて巨大なエネルギーとなって放出されることになるとフロイトは懸念していました。フロイトが指摘するように、すべての悪の根源には「死に対する恐れ」があるのではないでしょうか。死に対する恐れは「お金やものをたくさん持っていないといけない」とか「人よりも力を持っていないといけない」などの行動に人々を駆り立てます。

窮地に陥り、その存続が危ういと感じ、このままではやられてしまうと思うと、自己防衛反応が発動して「怒り」を爆発させます。

２０１４年のノーベル物理学賞を受賞した中村修二氏は「怒りが私の研究の原動力だ」と言っていましたが、怒りの持つパワーは非常に強いのは確かです。

現代社会を幅をきかせているのは「弱肉強食」というルールです。「生き残り」が至上命題だからです。このルールを徹底するためでしょうか、私たちは死後について一切わからないようになっています。このため、死は終わりを意味し、大きな恐怖となっているのです。あらゆる恐れ、不安、心配の元になっているのです。「生き残りたい」という強い思いからはさまざまな欲が生まれ、人は飽くなき欲を追い求めます。生き残るために他人と熾烈な競争をしますが、めったに心が満たされることはありません。たとえ満たされたとしても幸せは長続きしません。

人間というのは、たとえ悟りすましたようなことをいっていても、情念の部分はコントロールできるものではないからです。人間は悟れない存在なのです。

死後の世界を失った現代の日本人は、死を恐れ、タブー視し、すっかり神経症的になっていますが、生きる意味を深く追求する過程で、科学に代わって私たちを導いてくれる存在を求めるのは至極当たり前のことです。死後の世界は人間の想像の産物だとして、むげに切り捨ててもよいとは思えません。

すでに述べたように、「生まれ変わり」という現象の科学的な根拠について、最新の量子物理学が少しずつ謎を明らかにしようとしています。

私たち日本人は、縄文の心（「生まれ変わり」の信念）を取り戻すことで、未曾有の危機を乗り切っていこうではありませんか。

あとがき

「生まれ変わり」という現象は、心理的特徴や当人の記憶などの同一性の証明がなされなければなりませんが、ヴァージニア大学の一連の研究はその可能性を十分に証明したと思います。スティーブンソンの跡を継ぎ、タッカー氏らが現在も骨の折れる検証作業を続けていることには頭が下がります。

本書では最新の学説に基づき、私たちの活動の軌跡すべてが宇宙に存在し続け、後生の人たちがこれにアクセスできる可能性があると述べましたが、これを主観的な体験に置き換えてみるとどういうことになるのでしょうか。

私たちの意識は通常厳格な検閲を行っていますが、変性意識の状態になるとそのタガがはずれるとされています。睡眠中に明晰夢を見ている場合も変性意識の状態になることからタッカー氏は、「生まれ変わり」の現象を夢に例えています。私たちの世界は共有された夢として存在するのかもしれません。私たちは死の時点でもう1つの夢をスタートさせ、その夢の性質は人によって違うのかもしれません。私たちが死ぬことは1つの夢から別の夢に移ることに過ぎないと考えれば、私たちは複数の生をまたいで存在するより大きな自己を持つという体験をすると思います。

ヴァージニア大学の研究によれば、前世で若くして死んだ場合、過去生の記憶を有することが多いことがわかっていますが、そのことについてタッカー氏は、「過去生の記憶を持つ子供たちの前世の終わり方は、不十分なまま終わった夢に似ており、夢が十分な展開をみずに終わった人たちは、同じ夢に早く戻ってくる可能性が高いのと同じではないだろうか」と推測しています。

前世の出来事がこの世の人生に影響を与えるのは、私たちが見る夢が寝る前の体験に影響されるのと同じです。「生まれ変わり」を信じるチベットの仏教徒も、生前どう生きたかに加え、「死」の瞬間の心の状態が次にくる存在の性質を決定する上で非常に重要だとしています。

前世での悲しい出来事がトラウマとなってこれに決着をつけておかないと前に進めないことから、生まれ変わってくる時に過去生の記憶を持って生まれてこざるを得なかったのかもしれません。そう考えると過去生の記憶を持てることは決してうらやましいことではありません。私たちの大多数に過去生の記憶がないことになにか理由があるはずです。おそらく、たいていの場合、思い出す必要がなかったのでしょう。それにしても私たちはなぜ「スープ」のことを忘れてしまったのでしょうか。スープの存在を現在の物理学の原理にあてはめることはまったくできなかったのですが、時の権力者や指導者が自らの都合で宗教の内容を改竄したように、特に近代に入ってから忘却の圧力が高まったのではないかと思ったりします。

しかし、私たちが「人には過去生がある」「肉体の死がすべての終わりではない」ことを忘れないようにするため、過去生の記憶を持つ子どもたちが世界各地にときどき現れるという仕組みがあると考えてもいいのかもしれません。

筆者は拙書を書き上げたことで幸いにも「生まれ変わり」の信念を持つようになりました。この信念を持てるようになってよかったことは、「生まれ変わり」の信念を持てば、この世に戻ってきてやり直せると思えることです。過去に犯した失敗を元に戻すことはできませんが、それを挽回するチャンスが与えられれば救われた気持ちになるのは確かです。複数の人生を送ることができるとすれば、そのたびに進歩し、次第に優れた人間になることもできるでしょう。そうなれば、毎日毎日を一所懸命に生きようとする気持ちになります。末期状態になったとしてもこのような気持ちを抱くと、今この時を精一杯生きようという気持ちになり、死や未知なものに対する恐怖にとらわれることがなくなるのではないかと期待しています。

死後の語りが共同体の来世観から個人単位の死生観にまで縮小している現在、多くの日本人は、死後の世界のことは文芸の領域において思考実験的に経験しておくのが安心だと考えていることでしょうが、多死社会の到来で死後の世界に対する主観的関心は一層高くなっていくことは間違いありません。

筆者はプラグマティックな観点からも「生まれ変わり」の信念を推奨していますが、読者の皆さんにこれを押し付けようとはまったく考えていません。

すべての人間にとって価値ある信念というものがないからです。価値ある信念は、読者の皆さんが各自で模索されていくのが良いと思いますが、本署が少しでもお役に立てば幸いです。

本書はすべて筆者の個人的見解です。

本書のすべての章において筆者が経済産業研究所（ＲＩＥＴＩ）で行ってきた研究の成果（2本のポリシー・デイスカッション・ペーパー）が盛り込まれています。中島厚志前理事長、矢野誠理事長をはじめＲＩＥＴＩ職員の方々から多大なご協力をいただいております。この場を借りて感謝の意を表したいと思います。

末尾になりましたが、本書の上梓のためにご尽力いただいた森岡英樹氏、そしてKKベストブックの千葉弘志社長に衷心よりお礼申し上げます。

藤　和彦

参考文献

・大門正幸『なぜ人は生まれ、そして死ぬのか 過去生記憶、臨死体験が示す人生のほんとうの意味』宝島社、2015年
・森田 健『生まれ変わりの村 1〜4』アクセス、2008年、2009年、2010年、2016年
・森田 健『あの世はどこにあるのか』幻冬舎、2008年
・ジム・タッカー『転生した子どもたち ヴァージニア大学・40年の「前世」研究』、日本教文社、2006年
・ジム・タッカー『リターン・トゥ・ライフ 前世を記憶する子どもたちの驚くべき事例』ナチュラルスピリット、2018年
・ロイ・ステマン『人間は本当に生まれ変わるのか?』きこ書房、2018年
・エベン・アレグザンダー『プルーフ・オブ・ヘブン 脳神経外科医が見た死後の世界』早川書房、2018年
・リサ・スマート『人は死にぎわに、何を見るのか 臨終の言葉でわかった死の過程と死後の世界』徳間書店、2018年
・ダライ・ラマ14世『傷ついた日本人へ』新潮社、2012年
・春木良且『情報って何だろう』岩波書店、2004年
・田坂広志『運気を磨く』光文社、2019年
・ジム・アル＝カリーリ『量子力学で生命の謎を解く』SBクリエイティブ、2015年
・アーヴィン・ラズロ『叡知の海・宇宙 物質・生命・意識の統合理論をもとめて』日本教文社、2005年
・樫尾直樹他『人間に魂はあるか? 本山博の学問と実践』国書刊行会、2013年
・石丸昌彦他『死生学のフィールド』放送大学教育振興会、2018年
・伊佐敷隆弘『死んだらどうなるのか? 死生観をめぐる6つの哲学』亜紀書房、2019年
・広井良典『死生観を問いなおす』筑摩書房、2001年
・佐伯啓思『死と生』新潮社、2018年
・坂本大三郎『山伏ノート』技術評論社、2013年
・柳田国男『先祖の話』角川書店、2013年
・松谷みよ子『現代民話考5 死に知らせ・あの世へ行った話』筑摩書房、2003年
・伊藤由希子他『死者はどこに行くのか 死をめぐる人類5000年の歴史』河出書房新社、2017年
・山村明義『神道と日本人 魂とこころの源を探して』新潮社、2011年
・河合真如『常若の思想 伊勢神宮と日本人』祥伝社、2013年
・関裕二『縄文文明と中国文明』PHP研究所、2020年
・山田康弘『縄文人の死生観』角川書店、2018年
・大島直行『月と蛇と縄文人 シンボリズムとレトリックで読み解く神話的世界観』寿郎社、2014年
・大島直行『縄文人の世界観』国書刊行会、2016年
・大島直行『縄文人はなぜ死者を穴に埋めたのか 墓と子宮の考古学』国書刊行会、2017年

参考文献

・谷川健一『蛇 不死と再生の民俗』株式会社冨山房インターナショナル、2012年
・瀧野隆浩『これからの「葬儀」の話をしよう』毎日新聞出版、2018年
・阿満利麿『日本人はなぜ無宗教なのか』筑摩書房、1996年
・ユヴァル・ノア・ハラリ『サピエンス全史 文明の構造と人類の幸福』2016年
・正木晃『しししのはなし 宗教学者がこたえる死にまつわる〈44+1〉の質問』CCCメディアハウス、2018年
・宮下洋一『安楽死を遂げるまで』小学館、2017年
・村上陽一郎『死ねない時代の哲学』文藝春秋、2020年
・加藤直哉『人は死んだらどうなるのか 死を学べば生き方が変わる』三和書房、2019年
・竹倉史人『輪廻転生〈私〉をつなぐ生まれ変わりの物語』講談社、2015年
・荒川和久『超ソロ社会「独身大国・日本」の衝撃』PHP研究所、2017年
・山本七平『日本資本主義の精神』ビジネス社、2006年
・牧内昇平『「れいわ現象」の正体』ポプラ社、2019年
・西平直『魂のライフサイクル』東京大学出版会、2010年
・荒俣宏他『よみがえるカリスマ 平田篤胤』論創社、2000年
・吉田麻子『平田篤胤』平凡社、2016年
・今中博之『社会を希望で満たす働きかた』朝日新聞出版、2018年
・広井良典『人口減少社会のデザイン』東洋経済新報社、2019年
・荒谷大輔『資本主義に出口はあるか』講談社、2019年
・吉川洋『人口と日本経済』中央公論新社、2016年
・日立東大ラボ『Society5.0』日本経済新聞出版社、2018年
・マルクス・ガブリエル他『未来への大分岐』集英社、2019年
・山口周『ニュータイプの時代』ダイヤモンド社、2019年
・ポール・クルーグマン他『未完の資本主義』PHP研究所、2019年
・広井良典『ケアを問いなおす』筑摩書房、1997年
・大橋健二『「老年哲学」のすすめ 生き直し・学び直しのための哲学入門』花伝社、2019年
・細田亮『スピリチュアルペイン 終末期医療に携わる医師が語る死を待つ人の「魂の痛み」とは』幻冬舎、2019年
・柴田久美子『私は、看取り士。わがままな最期を支えます』佼成出版社、2018年
・山口創『皮膚は「心」を持っていた！』青春出版社、2017年
・山口創『皮膚感覚から生まれる幸福』春秋社、2018年
・ハワード・ガードナー『MI：個性を生かす多重知能の理論』新曜社、2001年
・新谷尚紀『お葬式 死と慰霊の日本史』吉川弘文館、2009年
・松田学『いま知っておきたい「みらいのお金」の話』アスコム、2019年
・斉藤日出治『グローバル資本主義の精神分析』近畿大学日本文化研究所紀要、2017年

藤　和彦（ふじ かずひこ）
1960年愛知県名古屋市生まれ。1984年通商産業省（現・経済産業省）入省後、エネルギーや通商、中小企業政策などの分野に携わる。2003年に内閣官房に出向（内閣情報調査室内閣情報分析官）、2016年から独立行政法人経済産業研究所上席研究員。現在の研究テーマは「人類初の多死社会を迎える日本の今後のあり方について」。
『原油暴落で変わる世界』『石油を読む <第3版>』（日本経済新聞出版社）、『日本発母性資本主義のすすめ』（ミネルヴァ書房）など著書多数。

人は生まれ変わる

縄文の心でアフター・コロナを生きる

2020年7月31日 第1刷発行

著　者　藤 和彦
発行者　千葉 弘志
発行所　株式会社ベストブック
〒106-0041 東京都港区麻布台3-4-11
麻布エスビル3階
03（3583）9762（代表）
〒106-0041 東京都港区麻布台3-1-5
日ノ樹ビル5階
03（3585）4459（販売部）
http://www.bestbookweb.com
印刷・製本　中央精版印刷株式会社
装　丁　株式会社クリエイティブ・コンセプト

ISBN978-4-8314-0238-7 C0012